はじめてでもよくわかる！

「占いカード」制作マニュアル

マニュアル

～タロットカード、オラクルカード、
　オリジナルカード出版虎の巻～

株式会社ヴィジョナリー・カンパニー
代表 **大塚和彦**

はじめに

> タロットカードやオラクルカードって
> どうやって制作し、販売するの？

――みなさんのそんな素朴な質問にお答えするのが、この本の目的です。

カードの世界に訪れた、革命的な変化

近年、個人の作家やクリエイターが手がけるカードが珍しくなくなりました。聞くところによると、この動きは日本だけでなく海外でも共通のようです。

こうした動きの背景としては、

1. 少ない部数でも印刷ができるようになった
2. イラストレーターやデザイナーなどの協力者を探しやすくなった
3. 無料のホームページやSNSをつかって宣伝がしやすくなった
4. 大手通販サイトでも商品を販売できるようになった

ことなどが挙げられるでしょう。

かつてのカード制作は、一部の方にしか門戸が開かれていませんでした。出版社へのツテを頼って企画を売り込んだり、仮に自分で制作するとしてもそれなりの部数を印刷しなくてはなりませんでした。それが、ここ数年で革命的ともいえる変化がおきたということです。

カード制作が流行する背景とは？

　近年では、セルフブランディングの手段としてカードを制作する方も増えてきました。

● 「プロとしてオンリーワンのサービスを打ちだしたい」という占い師
● 「他では受けられないサービスを提供したい」というセラピスト
● 「スクールの内容をカードの形で表現したい」という講座関係者

　など、自分だけの世界観を打ちだすためにオリジナルカードを作るというケースです。

　ひとつのカードを作り上げるのには、長い時間とたくさんのエネルギーが必要です。それは、他人（社）が簡単にマネすることができないということを意味します。あらゆるサービスが似てしまい、画一化してしまう時代に、これはとても魅力的なことといえるでしょう。

　他にも、「作品のモチーフ」としてカードに興味を持つクリエイターも増えています。特にタロットカードは決まった象徴が描かれることが多いので、創作に取り組みやすいようです。そのため、「**カードには詳しくないけれど、表現手段として興味を持った**」というクリエイターも多く生まれています。

　ビジネスという視点で見た場合、「制作したカードを個展で販売できる」「作品のファンを増やすことができる」「在庫として保管しやすく、劣化しにくい」ことなども、カード制作が注目される要因のようです。

　ここ数年で発売された「セルフパブリッシング（個人出版）カード」の中には、何回も増刷を重ねたり、書店で発売されたカードも数多く生まれています。

　中には、海外のカード出版社の目にとまり、英語圏やアジア圏で発売されることになったカードもあります。そうした数々の成功事例も「いつか自分でも作りたい」という動きに拍車をかけているようです。

世界のマーケットで通用するカードも夢ではない

　この本では、そんなカード制作のあれこれを、3つの大きなテーマに分けてお伝えしていきます。

> テーマ1：カードを企画する【Think】
> テーマ2：カードを制作する【Make】
> テーマ3：カードを販売する【Sales】

　数十万部を販売するような人気作家のカードであっても、身近な人にだけ販売するようなカードであっても、この3つのプロセスを経ることに何ら変わりはありません。

　この3つのテーマをふまえながら、「少部数でカードを作って、近い人にだけ販売していきたい」という方から、「出版社に企画を売り込んでカードを制作したい」という方まで、必要な情報を余すところなくお伝えするつもりです。

　最後に、カード専門の出版社代表である私が「自らの手のうちを明かすような本」をだすことの意味についてお伝えしたいと思います。

世界には数えきれないほどのタロットカードやオラクルカードが存在しています。そして、それらのカードが国境を越えて日本にやってきています。

　ただ、世界のカード市場でブームを巻き起こしている日本発のカードはまだまだ数少ないのが実情です。カードのクオリティや種類の豊富さは、アメリカやイタリア、フランスやオーストラリアなどのカード先進国にはかないません。

　けれど、今後もそれが同じ状況であるとも思えません。当社に寄せられる海外からの問い合わせは年々増加する一方ですし、世界マーケットで通用するカードが日本から次々と生まれていくのも夢ではないでしょう。

　そのためには、私どもが自社だけでカードを作っていても限界があります。今まで当社が積み重ねてきたカード制作におけるノウハウや経験を活用していただくことで「世界マーケットで通用する日本発のカード」が生まれるきっかけになるのでしたら、これ以上嬉しいことはありません。

　みなさんが作り上げる新たなカードとの出会いを楽しみにしております。

株式会社ヴィジョナリー・カンパニー　代表　**大塚和彦**

CONTENTS

はじめに ……………………………………………………………………… 2

第1章 カード制作のきほん ……………………………………… 9

さて、どこからはじめよう? ……………………………………………… 10

まずは、ゴールをイメージしてみよう ………………………………… 13

それぞれの目標 メリットとデメリットを整理しておこう ………… 16

カード制作は「3つの段階」と「7つのステップ」で進む ………… 19

カードの種類と制作上のポイント ……………………………………… 22

おおまかなスケジュールをイメージしてみよう …………………… 27

カード制作に必要なマインド (心構え) とは? ……………………… 30

第2章 カードのアイデアをだそう ……………………………… 33

「こんなカードを作りたい」からすべてがはじまる ………………… 34

一口に「カード」といってもさまざまなニーズがある ……………… 37

カードのアイデアはどうやってだせばいい? ……………………… 40

「この人にイラストをお願いしたい」がきっかけになることもある … 44

イラスト以外にもさまざまなカードの表現方法がある …………… 46

「カード企画書」をまとめてみよう ……………………………………… 50

第3章 はじめの一歩を踏みだそう ……………………………… 53

アイデアを「思いつき」だけで終わらせないために ………………… 54

はじめの一歩・その①:ビジネスパートナーを探そう …………… 56

はじめの一歩・その②:早めに印刷会社を探しておこう ………… 61

Interview 印刷会社の現役営業マンに聞く、見積りのコツ ……… 64

はじめの一歩・その③：デザイナーを探しておこう ……………… 67

はじめの一歩・その④：全体のコスト感を把握しよう …………… 72

印刷見積りのポイント ……………………………………………… 78

Column やりたいこととコストと仕上がりのバランスとは? …… 85

はじめの一歩・その⑤：「カード企画書」をバージョンアップさせよう … 87

Interview 『日本の妖怪カード』著者・藍伽さんが語る、企画書への想い … 92

第**4**章　出版社に企画を売り込むには …… 95

出来上がった「カード企画書」を出版社に持ち込むには? ……… 96

出版社の企画窓口・編集者とは? ………………………………… 99

出版社へ企画を売り込む6つのステップ ……………………… 102

Column 売り込みをする出版社のウェブサイトをしっかりとチェックしよう … 104

企画売り込みの際のポイント ……………………………………… 105

企画売り込みこんなときどうする? …………………………… 108

カード作家へのインタビュー 『むぎのタロット』yukiさん …………………… 112

第**5**章　カードを制作しよう …… 117

カードの構成を考えよう①：よく使われるキーワードを知る … 118

Column 何を伝えたいカードなのか? を振り返ろう ……………… 122

カードの構成を考えよう②：よく使われるシンボルを知ろう … 123

カードの構成を考えよう③：カードとしての個性を検討する … 126

イラストを描く際のヒント ………………………………………… 129

ガイドブック（解説書）をまとめるヒント …………………… 132

デザインとはカードの魅力を引きだすこと …………………… 136

カード制作におけるデザインの流れ …………………………… 140

デザイナーと仕事をする上で押さえておきたいポイント ……… 144

Interview デザイナーに聞く

「デザインの仕事をスムーズに進めるために大切なこと」… 147

カード印刷の流れ ……… 150

Column 校正はしっかりチェックして後悔のないように ……… 154

デザイナー＆印刷会社と仕事をする上で知っておきたいキーワード 156

Column RGBとCMYKの見た目の違いに注意 ……… 164

カード作家へのインタビュー

『エンジェルプリズムカード』『日本の密教カード』奥田みきさん …… 166

第6章 カードを販売しよう ……… 171

どうやってカードを販売していくか？ ……… 172

販売のために「やるべきこと」は自分で見つけ、決める ……… 176

カード販売の基本は「探されるためにどうしたらよいか？」という質問… 179

カードを販売する上で気をつけておきたいこと ……… 182

カード作家へのインタビュー 『357数秘カード』珊瑚ななさん …… 185

第7章 よくあるQ&A ……… 189

おわりに ……… 194

本書に掲載されたカード・書籍 ……… 196

書き込み式 カード制作ノート ……… 199

一般的なカードサイズの比較 ……… 208

著者紹介 ……… 213

第 **1** 章

カード制作の
きほん

さて、どこからはじめよう?

カード制作は、それぞれの進め方がある

「カードを作りたいけど、どこからスタートすればいいですか?」

　カード制作において、もっともよく聞かれる質問ですが、お答えとしては、「人によりまちまりだから、一般論としてお答えするのは難しい」ということになります。なぜなら、私たちの能力(できること、できないこと)は人によりさまざまだからです。当然、制作の進め方も人により違いがでてきます。

ケース1

　ある人は、絵を描くことができます。そのため、インスピレーションの赴くまま、イラストを描くところからカード制作がはじまります。

　ただ、イラストを次々描いていてもカードは完成しません。ある段階で、「どのようなカードにしたいか?」という方向性(企画)を決めないといけません。そして、その内容によってはメッセージや解説文をまとめてくれる協力者を見つけないといけません。

　ある人は、メッセージをまとめることができます。カードを通して伝えるメッセージを、一つ一つの言葉をつむいでまとめていくことができます。

　ただ、自分が気に入るようなイラストを自力で描くことはできません。そのため、協力してくれるイラストレーター（画家）を探す必要がでてきます。そうした人とやりとりし、協力をお願いしないとカード制作は前に進みません。

　ある人は、プロデュース能力に長けています。才能ある人の力を借りながら、一つの作品としてカードを作り上げていくことができます。

　こうした人の場合、①カードの企画案を考える、②協力してくれるメンバーを探すことからカード制作がはじまります。企画をまとめるノウハウ、協力者を探すための具体的な行動が必要になってきます。

　このように、それぞれにふさわしい「制作の進め方」があります。本書では、こうした「カードを作りたい人」のすべてを総称して「カード作家」と呼ぶことにします。

　はじめてカード制作に取り組むカード作家は「どこからどう手を付け

11

たらよいか分からない……」と感じることも多いかと思います。印刷したり、絵を描いたり、販売をしたり……いろいろとやらなくてはいけないのはイメージできても、あまりにも漠然としすぎてていてつかみどころがないかもしれません。

　けれど、一つ一つのステップを追ってクリアーしていけば大丈夫です。数多くのカード作家がすでに同じ道を歩いていることがその何よりの証といっていいでしょう。**カードを作るための方法論は、すでに確立されているのです。**

　この本では、すべてのカード作家にとって必要と思われる情報をコンパクトにまとめてお伝えしています。そのどれもが「カード作家たちがあれこれと試行錯誤してきたリアルな経験」ばかりです。

　みなさんがこの本を読むことで「やるべきことが分かった」「自分にもできそうだ」とカード制作への力強い一歩を踏みだすきっかけになることでしょう。

まずは、ゴールをイメージしてみよう

 目標がないとルートが見えてこない

みなさんは、自分が作るカードにどのようなイメージを持っていますか?

- ●「少ない部数を作って、知っている人だけに販売したい」
- ●「たくさんのお店やネット通販で取り扱ってもらいたい」
- ●「何が何でもカード専門の出版社から発売したい」

中には「作ろうと思っただけで、どうしたいかがまったくイメージできていない」という方もいることでしょう。

そうした気持ちはよく分かるのですが、カード制作は「仮でもよいから目標を定めること」が大切になってきます。なぜなら、目指す目標によって進め方やポイントが変わってくるからです。

カード制作はどこか山登りに似ています。

山登りでは「どの山に登るのか?」(目標)を定めて、そのためのルート(道順)を考えることが大切ですよね。そうしてはじめて、準備すべき装備もはっきりしてきます。富士山に登るのと、近所の山へピクニックにいくのとは装備も心構えも違ってくるように、カード制作も「どこを目標に定めるか?」が大切になってくるのです。

カード作家が目指す目標は3つに分かれる

　この本では、カード作家が目指す目標を3タイプに分類してお伝えします。比較的難易度の低い方法から、高いものまで……すでにカードを発売しているカード作家のみなさんが、どのような考えでそれぞれの方法を選んできたかもまとめました。過去に制作のご相談に乗ったカード作家のほとんどがいずれかの道を選んでいます。ここで、「自分のカードをどうしたいか？」をイメージしてみてください。

難易度 低 **タイプ1**「セルフパブリッシング (ライト)」

　少なめの部数（数十部～300部程度）を簡易印刷（オンデマンド印刷）で制作する方法です。比較的低コストで、カードを作ることができる特に人気の方法です。以前は印刷の画質が落ちるとされていた簡易印刷ですが、ここ最近はクオリティも上がってきています。主に、次のようなカード作家に選ばれています。

□「まずはオリジナルカードを形にすることを目標にしたい」
□「新しいカードを次々と作っていきたい」
□「個展で販売する部数だけカードを作りたい」
□「ビジネスパブリッシング（P15参照）のための足がかりを作りたい」

難易度 中 **タイプ2**「セルフパブリッシング (スタンダード)」

　ある程度の部数（300～1,000部）を印刷する方法です。この部数になると、オンデマンド印刷だけではなく**オフセット印刷**といわれる本格的な印刷も可能になってくるため、パッケージやカードの加工などが好き

なように選べるメリットがあります。主に、次のようなカード作家に選ばれています。

□「自分のコミュニティ以外の方にもカードを広く販売していきたい」
□「どうしても印刷にこだわったカードが作りたい」
□「ビジネスとしてきちんと採算をとっていきたい」
□「しっかりとしたパッケージのカードを作りたい」

難易度
高　タイプ3　「ビジネスパブリッシング」

　出版社に「自分のカードを制作してほしい」と企画を提案して売り込むことです。「印刷費などの費用がかからない」「担当者がつき、アドバイスをもらえる」「カードの販売をお任せできる」などたくさんのメリットがあります。ただ、たくさんの提案が寄せられる出版社に対して自分の企画を通すことは、そう容易ではありません。主に、次のようなカード作家に選ばれています。

□「どうしても出版社からカードをだしたい」
□「自分の企画に自信がある」
□「過去に書籍やカードを出版した実績がある」
□「出版社に打ちだせる自己PR（SNSのフォロワーが多いなど）がある」

それぞれの目標
メリットとデメリットを整理しておこう

 それぞれにメリット、デメリットがある

　かつては、出版社に企画を売り込まないとカードを制作することは困難でした。なぜなら、なんとか制作をすることはできても自力で販売することが難しかったからです。そのため、ほとんどのカード作家が「出版社へ売り込む」という選択肢をとらざるを得ませんでした。

　ここ最近は、販売をするための環境が整ってきたのは「はじめに」にも書いた通りです。

　無料で開設できる販売サイトもあれば、AmazonやYahoo!ショッピングといった大手サイトで販売をすることもそう難しくありません。SNSやYouTubeを使っての宣伝も簡単に行うことができますし、カード専門会社に販売をサポートしてもらう道を開けています。また、お客様からの注文やカードの発送作業を外部に委託することもできます。そのため、**はじめから「セルフパブリッシング」を選ぶカード作家も少なくありません。**

　ここでは、みなさんがカード制作の目標をはっきりと決めるために、それぞれの方法を選ぶ「メリット＆デメリット」をまとめてみました。こうした点も検討しながら、カード制作のゴールを具体化させていくとよいでしょう。

タイプ1 「セルフパブリッシング（ライト）」

【メリット】

□投資する金額が少なくて済む

□トライアル（お試し）版として出版できる

□たくさんの在庫を抱えなくてもよい

□個展やイベントなどで販売したい数だけ作れる

【デメリット】

□カードがたくさんの人の手に渡りにくい

□印刷部数が限られるため売上が限られてしまう

□印刷方法がオンデマンド印刷に限られてしまう

タイプ2 「セルフパブリッシング（スタンダード）」

【メリット】

□カードを通じて自分のことを知ってもらえる機会が増える

□著名なインターネットサイトで販売される機会ができやすくなる

□「セルフパブリッシング（ライト）」に比べ、販売価格を低めに設定しや
　すくなる

□在庫の量が確保できるため、店舗への卸売りがしやすくなる

【デメリット】

□「セルフパブリッシング（ライト）」に比べて、印刷費の投資が必要となる

□ある程度の在庫数を持つことになるため、保管場所が必要となる

□在庫管理や顧客対応などさまざまな仕事が発生する

タイプ3 「ビジネスパブリッシング」

【メリット】

□制作から販売までを出版社主導で行ってもらえる

□印刷費やデザイン代などのコストを出版社に負担してもらえる

□担当者（編集者）がつくので制作がスムーズになる

□出版社のブランドを使ってカードを広めてもらえる

□在庫の保管をする必要がない

□落丁やクレームなどの対応を出版社に行ってもらえる

【デメリット】

□出版企画が通るまでに時間がかかる（企画が通らないことの方が多い）

□出版社側の意向が入るため好きにカードを作れないときがある

□制作スケジュールを自分だけのペースで決めにくい

□カードがヒットした場合、「セルフパブリッシング」の方がより多く
　の収入を得られることがある

□カードの図像を二次利用する際、出版社の承諾が必要となる

　いかがでしょう？　一口に「カード制作」といっても、どの道を選ぶ
かによってだいぶ目的や進め方に違いがあります。カード制作を進め
る上で、まずは「自分なりのゴール」を定めることからスタートすると
よいでしょう。

カード制作は
「3つの段階」と「7つのステップ」で進む

 カード制作の地図を手に入れよう

　カード制作を進めるにあたって、まずは全体の流れを押さえておくとスムーズです。

　なぜなら、「今、自分が何をしたらよいのか？」や「この次は、何をしたらよいのか？」がクリアーになってくるからです。ちょうど、旅行をするときに地図を持っていくようなものだととらえるとよいでしょう。

　全体の流れを知ることで、おおまかに「やるべきこと」が見えてきます。そして、「何かやり残したことがあるんじゃないか……」と不安になることもなくなるはずです。

　この本では、カード制作を【Think】【Make】【Sales】の３つの段階に分けてお伝えします。この３つの段階は、「セルフパブリッシング」でも「ビジネスパブリッシング」でも、そう変わりがありません。カード作家のみなさんに共通するテーマとして知っておいてくださいね。

第一の段階 【Think】〜カードの企画を考える段階〜

「どのようなカードを作りたいか？」をまとめる段階です。「カードの企画を考える」「カードの出来上がりをイメージする」といってもよいでしょう。カード制作の入口でありながら、カードの「いのち」となるものを考える、もっとも大切な段階です。

ステップ1　カードのアイデアをだそう（第2章）
ステップ2　はじめの一歩を踏みだそう（第3章）
ステップ3　カードの企画をまとめよう（第3章）
　　　　　　　企画を出版社へ売り込もう（第4章）

第二の段階 【Make】〜カードの制作を行う段階〜

カードを実際に制作していく段階です。「イラストを描く」「ガイドブックの文章をまとめる」「デザインをして見た目を整える」「印刷する」などたくさんの業務を行うため、カード制作では時間とエネルギーが一番必要な段階です。

ステップ4　イラストと文章をまとめよう（第5章）
ステップ5　カードのデザインをしよう（第5章）
ステップ6　カードを印刷＆組立をしよう（第5章）

第三の段階　【Sales】～カードを宣伝＆販売する段階～

　完成したカードを宣伝し、販売していく段階です。「ネットで販売する」「お店に卸す」「講座を開催して販売する」などたくさんの方法があります。精魂込めて作ったカードを一人でも多くの方に手に取ってもらうための、大切な段階です。

ステップ7　カードを販売しよう（第6章）

　この本では、ステップ1〜7を章ごとにまとめています。今の自分の状態に合わせて、必要な所から読んでいただけるように構成されています。

例

「どういうカードを作るか何も決まっていない」という方　➡ 第**2**章から

「カードの企画は決まっていて、
すぐに制作作業に入りたい」という方　➡ 第**3**章から

「カードの企画を出版社に売り込みたい」という方　➡ 第**4**章から

「作ったカードを販売していきたい」という方　➡ 第**6**章から

カードの種類と制作上のポイント

タロットカード

　占いで使われるカードには、さまざまな種類があります。その中でも代表的なカードは、タロットカードでしょう。

「占いカード」の代名詞のような存在でもあり、メディアに取り上げられたり、映画やドラマの小道具としてもたびたび使われたりするので、ほとんどの人は耳にしたことがあるでしょう。もっともメジャーなカードですので、まずはこのカードを制作しようと考えるカード作家は多いようです。カード制作上の特徴としては、

1. 伝統的にカードの枚数が決まっている（22枚か78枚）
2. それぞれのカードに描かれるシンボルが決まっている
3. カードが逆にでたとき（逆位置）の意味を解釈することが一般的（そのため、カードの向きが分からないように裏面をデザインする）

などがあります。

つまり、「タロットカードの標準的な型」があるので、基本的にはそれに従って制作されます。そのため、「カード全体のコンセプトが決めやすい」「他のタロットや解説本を参考にしやすい」などのメリットがあります。その反面で、「ルールが決まっているので、制作上の自由さが制限される」という感想を持つカード作家もいるようです。

オラクルカード

「オラクル」とは託宣（大いなる存在からのメッセージ）を意味する言葉です。

オラクルカードの特徴は、なんといっても自由で制限がないこと。そして、使う側も直感に従って使うことができることにあります。そんな理由から、ここ20年ほどで急速にファンを増やしてきたのがこのカードです。カード制作の特徴としては、

1. カードの枚数に決まりはない（30〜50枚で構成されたカードが多くみられる）
2. カードに描かれるシンボルの決まりはない
3. 一つ一つがカード作家のオリジナルのため、ガイドブック（解説書）が必要なことが多い
4. 逆位置でも意味を変えずに解釈されることが多い（そのため、カードの裏面は自由に制作される）

などがあります。

ルノルマンカード

　フランスで誕生したといわれる**占いカード**です。カード1枚1枚に描かれるモチーフは、タロットカードと同様で基本的に決まっています。カードの枚数は36枚か54枚が一般的です。

アファメーションカード

　オラクルカードの一種。**アファメーション（肯定的な言葉）で作られたカード**です。一般的に、カードにメッセージが書かれていることが多いです。オラクルカードと同様、決まった枚数やルールは存在しません。

コーヒーカード

　18世紀にオーストリアで誕生し、ルノルマンカードのルーツになったともいわれるカードです。カードの枚数は32枚、描かれるモチーフも決まっています。

カード制作の Q&A

Q：タロットカードを制作しようと思うのですが、オススメの参考図書
はありますか？

A：タロットカードはたくさんの解説本がでていますので、それらを参
考にしながらカードを制作することができます。ただ、ほとんどが
「カードの使い方・読み方」を解説した本です。「カードに描かれる
モチーフ」についての情報が載っているものばかりではありません。

多くのファンを持つ『マカロンタロット』の
著者・加藤マカロンさんによって書かれた
『マカロンタロットで学ぶタロット占い』（駒
草出版）は、**イラストで分かりやすくカードの
情報がまとまっていること、タロットのモ
チーフについての言及も多いこと**などから、
カード作家の参考図書となることでしょう。

Q：オラクルカードを制作しようと思うのですが、オススメの参考図書
はありますか？

A：オラクルカードは、一つ一つのデッキがとても個性的なものです。そ
のため、たくさんのカードの世界観に触れることができ、かつカー
ドのイメージをたくさん知ることができる書籍がよいでしょう。

占術家として活躍するLUAさんと私の共著『いちばんていねいな、

オラクルカード』（日本文芸社）は、30種類のオ
ラクルカードをカラーでご紹介。それぞれの
カードがもつ特徴や個性を、分かりやすく伝
えています。「オラクルカードってどういうも
の？」という方にとっては、格好の入門書とな
ることでしょう。

Q：新しいジャンルのカードを作りたいのですが、どんな風にアイデア
をまとめていけばよいでしょうか？

A：占い用のカードといえばタロットカードかオラクルカード、と決め
つける必要はありません。コーヒーカードやジオマンシーカード
などは最近メジャーになりつつあるジャンルですし、アイデア次第
で史上初のカードを作りだすことも可能です。

ただし、ゼロから新しいものを作りだそうとすると、ハードルが高
いかもしれません。また、あまりにも斬新すぎるものを作った場合、
使い手であるお客様がどのように反応したらいいかとまどってし
まう可能性もあります。

そこでまずは、すでにあるもの同士を組み合わせたり、今までとは
違う使い方を提案することから考えてみてはいかがでしょうか？

たとえば最近では、カードとダイスやストーンなどを組み合わせた
商品が登場しています。また、トランプやカルタのように、古くから
存在しているカードに占いの要素を付加したカードもあります。

おおまかなスケジュールを
イメージしてみよう

 完成に1年くらいかかるカードも珍しくはない

カード制作には3つの管理が必要です。

1つめは、「進行管理」。カード制作がきちんと進んでいるかどうか、イラストレーターやデザイナーの仕事を定期的にチェックすることです。

2つめは、「コスト管理」。無駄なお金がかからないように、コストをしっかりとチェックすることです。

3つめは、「スケジュール管理」。あらかじめ定めたスケジュールから、大幅に遅れがないかどうかを管理することです。

そもそも、一つのカードが完成するまでに、どのくらいの時間がかかるものなのでしょう？

仮に、まったくの白紙状態からはじめた場合、1年近くの時間がかかることもあります。

カード制作は、想像している以上に時間を要するもの……それが、カード作家の多くが語ることです。なぜなら、制作の途中でいろいろな要望がでてきたり、「イメージが合わない」「制作のインスピレーションがでてこない」などで想定外の手間を取られることも多々あるからです。

ここでは、みなさんに制作スケジュールをイメージしていただけるように、ごく標準的な例を挙げてみました。

事例

・オラクルカード40枚（イラストを新規に描き下ろす）

・ガイドブック（解説書）100ページ（新規に書き下ろす）

※「ビジネスパブリッシング」（出版社への売り込み）はせず、「セルフパブリッシング（スタンダード）」（P14参照）で行う場合を想定。

【Think】カードの完成イメージを定める期間　`1〜2カ月`

　カードのアイデアをだし、はじめの一歩を踏みだす期間です。協力者をみつけ、おおまかな費用感をつかみながら、「カード企画書」をまとめていきます。（ステップ1〜3）

【Make】カードのイラスト＆文章を作る期間　`3〜8か月`

　イラストを描き、文章（メッセージ）をまとめはじめます。いわば、「カードの材料」を準備する段階です。著者、イラストレーターがそれぞれのイメージを確認しながら表現していくため、カード制作で一番時間がかかる期間です。（ステップ4）

【Make】カードのデザインを行う期間　`1〜2カ月`

　完成したイラストと文章にデザイン処理を行い、「カードの見せ方」を考える期間です。パッケージ、ガイドブック、カードが少しずつ形になっていく段階です。（ステップ5）

次ページへ ▶

【Make】カードの印刷を行う期間　1〜1.5カ月

　カードの印刷を行う期間です。印刷会社にデータを渡してしまえば、基本的に後の業務は印刷会社が主導で行います。なお、完成までの納期は印刷部数や印刷の方法によって変わってきます。(**ステップ6**)

【Sales】カードの販売を準備する期間　1カ月

　ここから、納品されたカードを販売する段階に入ります。カードの情報をネットショップへ掲載する、SNSで発売を告知する、卸会社と打ち合わせをするなど、カードを販売するための準備をしていきます。(**ステップ7**)

　以上を単純に計算すると、最短でも7カ月、最長ですと14カ月半程度の時間がかかることになります。一つの目安として、参考にしてみてください。

カード制作に必要なマインド（心構え）とは？

 ## 「カードを作ろう」という気持ちを持ち続けることの大切さ

　この章の最後に、「カードの制作に必要なマインド（心構え）」をまとめてみました。次の章から触れることになる「協力者（パートナー）」や「お金」といった実務的な点ではなく、気持ちの側面についての内容になります。

　私がもっとも大切だと思うのが、「カードを制作したい」という熱意を持ち続けることです。

　ほとんどのカード作家は、仕事だったり、家庭での役割だったりと、カード制作以外にもやるべきことがあります。「カード制作に集中できれば……」と思っても、そうした恵まれた環境にいる人はごく僅かです。多くのカード作家が限られた時間をやりくりして、企画や制作に取り組まなければなりません。

　また、カード制作にはさまざまな困難がつきものです。「イラストレーターが見つからない」「企画がどうもまとまらない」「デザインがイメージ通りにあがってこない」……こうしたことが普通に起こります。なかなかうまくいかないと、気持ちは落ち込みがちになってしまいます。

そんな中で、諦めずに作業を続けていくのは、口でいうほど簡単なことではありません。カード制作においてなにより大切なのは、「**カードを作りたい**」と思った熱い気持ちを持ち続けること。「初心忘れるべからず」の気持ちが大切です。この他にも……

1. 自分の作品を客観的に見る

　自分の企画に「このカードが完成したらどんなに素晴らしいだろう！」と惚れこむのは大切なことです。ただあまりにも気持ちが強すぎると、独りよがりの企画になってしまう危険性があります。カード制作には「**自分の企画に熱くなる自分**」と「**冷静にツッコミを入れる自分**」とがうまく両立していることが大切です。常に、客観的な視点から自分の作品を眺めるようにしたいものです。

2. 柔軟性を持つ

　制作を進めていくうちに、「あ、こうした方がよいかな」と思いつくことはよくあることです。中には、企画の内容そのものを変更するようなこともあるかもしれません。そんなとき、「**こうあらねばならない**」は一度脇に置いておいて、**柔軟な姿勢で変化を受け入れること**も大切です。

　自分をオープンに解き放った状態にしておくことで、制作を進めながらたくさんのインスピレーションを受け取りやすくなるでしょう。

3. はじめから飛ばしすぎない

　カード制作は長丁場です。そのため、はじめからペースを上げすぎないことも必要です。「早く自分のカードを完成させたい」という気持

ちは分かりますが、きちんとしたものを作るのには時間がかかるのも事実です。自分のペースをしっかりと保って、焦りすぎない、飛ばしすぎないことが大切です。

4. 一人ですべてをやろうとしない

　カード制作を、一から十までを一人で完結させることはできません。アイデアを考える、協力者を探す、イラストを描く、デザインをする、印刷をする、宣伝をする、販売をしていく……ざっと挙げただけでも、これだけの仕事が待っています。そのため、**一人ですべてをやろうとするのは無理があります**。カードは多くの人の協力のもとで作られ、多くの人の手を介して広まっていくものです。この点も、カード制作のスタート時点でしっかりと押さえておきたいポイントです。

5. ギリギリでやろうとしない

　「イベントに出展するまでにカードを作りたい」こうしたカード作家は多いものです。そうした目標があることは、創作をする上でとても有効です。ただ反対に、「この日までに完成させたい」ということは、締切日があるということです。制作を進める上で、時間がギリギリだとどうしても気持ちが焦ってしまいます。その結果「本当はもうちょっとこだわりたかったんだけど……」となりがちです。**ゆったりめのスケジュールを立てるくらいでちょうどよい**、そんな感覚で進めるのをオススメします。

第2章

カードの
アイデアを
だそう

「こんなカードを作りたい」から すべてがはじまる

 すべてのカードに共通するただ一つのこと

みなさんは、どのようなカードを作りたいと思っていますか？

- 「明るくてキラキラとしたファンタジックなカード」
- 「ダークな世界を描いたミステリアスなカード」
- 「シンプルで、軽量。持ち運びしやすいカード」

カード制作の世界には「これが正解」はありません。カード作家が100人いれば、100通り表現方法があります。一つ一つのカードが、著者の世界観の表れです。

みなさんは、どういうきっかけでカードを作ろうと考えましたか？

- 「たまたま知り合った同士で意気投合し、カード制作の話になった」
- 「『作品をカードにしたら喜ばれるんじゃない？』と人から言われた」
- 「使っているカードが物足りなくて、自分で作るしかないと思った」

……私たちの人生が一人として同じものはないように、そこには同じストーリーはただの一つも存在しないはずです。このように、きわめて個性的なプロダクツ（製品）がカードです。

ただ、たった一つだけすべてのカードに共通することがあります。

それは、世界的なベストセラーであっても、少部数印刷のカードでも変わりません。もちろん海外で作られたカードであっても、日本で作られたものでも変わりません。それは、

> 「こんなカードを作りたい」という誰かの思いつきからすべてがはじまっている

ということです。

☆ 「思いつき」を企画へと育てていく

　「思いつき」からアイデアが生まれ、協力者が集まり、制作が進み、時間をかけてカードという形になっていきます。そこから宣伝や販売が始まり、多くの方の手にカードが旅立っていきます。**はじめの「思いつき」なしには、どんなカードも誕生していません。**

　この「思いつき」という言葉は、「インスピレーション」や「ひらめき」と言い替えてもいいかもしれませんね。頭なのか、心なのか分かりませんが、自分の中に確実に宿った「何か」。それが、すべてのカード制作の出発点です。

　「思いつき」は、最初は「はかなげな灯」のようなものかもしれません。吹けば消えてしまいそうな、ささやかなものかもしれません。
　ただ、それを丁寧に育みながら、カードという形に少しづつ近づけていくのがカード作家の役割です。それは、生まれたばかりの雛鳥（思

いつき) を、大切に育てていく親鳥 (カード作家) にたとえてもいいかもしれませんね。

「思いつき」をそのままにしておいてもカードにはなりません。否、「思いつき」はそのままにしておけば、いつかは消えてしまいます。なぜなら、私たちの日常は次から次へと新しい情報が入ってきて、次々と上書きされていくからです。

「思いつき」をカードという具体的な形にしていくためには、「カードの企画」としてまとめあげていくことが大切です。 そこではじめて、「カードのいのち」という種がまかれるのです。

この章では、みなさんの「思いつき」を「カードの企画」にブラッシュアップするまでのノウハウをまとめてみました。「自分はどんなカードを作りたいか?」を考えながら、読み進めてもらえるとよいでしょう。

一口に「カード」といっても
さまざまなニーズがある

 ### カードの用途は「占いの道具」だけではない

　一般的に、カードは「占いの道具」だと考えられています。

　未来の予兆をつかんだり、人の気持ちを読んだりするために、これまでにたくさんのカードが生みだされてきました。

　ただ、「カード＝占いの道具」としてとらえていないユーザーも数多くいます。「タロットカードの使い方は分からないけど、新作がでると気になってしまう」「オラクルカードに囲まれていると生活が豊かになる気がするから買っている」といった方々です。

　特にここ最近のカードブームを見ると、「占いの道具」としてだけではないカードのニーズは広がる一方のようです。

　カード作家がこうしたニーズを知っておくことは、企画を考える上でもとても有効になってきます。なぜなら、「どういう方がカードを購入しているか？」をイメージすることは、カードを企画する上で不可欠だからです。ここでは、「占いの道具」以外にどのようなニーズがカードあるのか？　を見ていくことにしましょう。

1. 「占いはやらないけど、カードを集めるのが好き」というニーズ

「キラキラと美しいもの」や「持っているだけで気持ちが上がるもの」

を周りに置いておきたい……そう考える人は少なくないでしょう。

　そういう方にとってのカードは、「占いの道具」というよりは「心を満たしてくれるラッキーアイテム」のような存在です。アクセサリーや洋服を手に入れるような感覚でカードを手にする人は、女性を中心にかなりの数にのぼるようです。

2. 「カードは画集のようなもの。眺めているだけで癒やされる」というニーズ

　カードは数十点のイラストで作られています。それら1枚1枚の作品は、いわば「手のひらの上に乗るアート」。好きな画家の画集を鑑賞するような感覚でカードに接する人もいるようです。「自宅にいながらにできる美術鑑賞」といってもいいでしょう。

　そういう方にとってのカードは、「落ち着いたひとときを一緒に過ごしてくれるパートナー」のような存在です。画集に比べて大きさが小さく、コンパクトでコレクションに便利。そういう点もカード人気の秘訣のようです。

3. 「コレクションとして集めている」というニーズ

　大人のコレクションとして、カードを集める人も少なくありません。海外の珍しい国のカードや、少部数発行のレアなカード。絶版になってしまったカードや、特殊な印刷技術を使ったカード。ネコのカードだけを集める、または、天然石のカードだけを集める……コレクションのテーマは無限にあります。

　近年では、中古市場が活性化してきたことにより、希少性あるカードが流通するようになってきています。また、持っているカードが将来

的に価値が上がると考えている人も、まだ数は少ないですがいるようです。

4.「学ぶためのツール」として使うニーズ

新しいことを学ぶとき、カードを使うという方がいます。本（活字）を読むよりも、カードの方がイメージが湧きやすく、理解しやすいというニーズです。占星術、哲学、神話、歴史……たくさんのテーマでカードは作られています。これらのカードを通して、新たな知識を学びはじめるというのです。カード作家としては、「自分が作るカードが、何かしらの学びとして使えないか？」と考えるのも有効でしょう。そこから、新たなコンセプトのカードが生まれるきっかけになるかもしれません。

5.「セルフケアのツール」として使うニーズ

自分の内面をケアする（セルフケア）ためにカードを使うというニーズです。私たちは仕事をしたり、家庭での役割を果たしたりしていく中で、どうしても心や感情があちこちに動きがち。モヤモヤしたものをそのまま放っておくと、ストレスの原因になってしまいます。一日のはじまりに、もしくは、一日の終わりに。また、職場でちょっと時間ができたときに……。こうしたカードの使い方を推奨している会社もあることから、「セルフケアのツール」としてカードを使うという方も、カードユーザーの中には数多くいるようです。

……ここで押さえておきたいのは、「カードは占いの道具だ」と決めつけない方がよいということです。カードの企画をするということは、自分が持っている固定観念を取り払うことでもあるのです。

カードのアイデアは
どうやってだせばいい?

 地道な積み重ねの先に「ひらめき」はやってくる

「あ、こんなカードが完成したら多くの人が喜びそうだ!」

　過去にたくさんのカードに関わってきた中で、こういう体験をしたことは一度や二度ではありません。「アイデアが降ってくるような体験」と表現したらよいのでしょうか。飛び上がって全身で喜びを表現したいような瞬間です。

　けれど、残念なことにアイデアがいつ、どのような形でやってくるかは誰にも分かりません。「アイデアをだすのによい方法はありませんか?」とご相談を受けることがありますが、こればかりは万人に共通する方法があるとも思えません。

　ただ、あえていうのであれば「アイデアを欲しがる人のところにやってくる」という法則はあるように思います。昭和を代表する経営者・本田宗一郎氏 (ホンダ創業者) は「アイデアは苦しんでいる人のみに与えられる特権である」といったそうですが、私もこの言葉には大賛成です。

　「いいアイデアが生まれないかな……」と悶々と悩み、あれこれと思いを巡らせ、調べたりする地味な日々の延長に、「ひらめきの瞬間」はあるのだと思います。ここでは「アイデアをだすために大切なこと」を5つまとめてみました。

1. 質問を問いかけ続ける

「自分はどんなカードを作りたいか？」をきちんと問いかけることです。「いつかカードが作れればいいな……」や「アイデアが降ってきたらいいな……」ではどこか他人任せです。そうした姿勢でアイデアがでてくることは、非常にまれでしょう。「アイデアを作るのは自分の役割」としっかりと心に決めて、この質問を問いかけ続けることが大切です。

2. いつでもメモできる状態にしておく

ふと気になったことは、メモをするようにしましょう。それらは、みなさんが探している「アイデアの種」かもしれないからです。メモをしないで忘れてしまうには、もったいなさすぎます。アイデアは最初から「はっきりした姿」で現れるとは限りません。「ふと気になったこと」が時間をかけて熟成されていくうちに、立派なアイデアに成長することはよくあります。そのためにも、備忘録としてのメモをきちんととりましょう。

3. ふと気になったものに注意をはらう

何気ない雑談や、テレビで放送されているニュース……そんな「ふと気になったもの」に注意を払いましょう。これらがきっかけとなってアイデアが生まれることもあります。ここで大切なのは「カード制作に役立ちそうか？　役立ちそうにないか？」と選別しないことです。気になったことはすべてメモしておこう、そんなよくばりで積極的な姿勢が大切です。

4. 定期的にメモを見返してみる

　メモは書きっぱなしでは意味がありません。定期的に見返してみましょう。「なぜこんなことが気になったのかな？」「いつも同じようなことが気になっているな……」などの気づきがあれば、それもメモしておきましょう。

5. メモの中から気になったものを深堀りしてみる

　定期的にメモを見返し、気になったものがあれば、詳しく調べてみましょう。たとえば「ギリシアの哲学」というキーワードが気になったとしましょう。「ギリシア時代に活躍した哲学者にどんな人がいるかな？」「ギリシア哲学の特徴ってどんなものだったのかな？」「他の哲学との違いって何だろう？」などを興味・関心の赴くままに調べていきます。そして、「このテーマでカードを作るとしたら？」を考えてみましょう。どんなカードが作れるでしょうか？

　こうした作業が、アイデアを生みだす準備になります。どれもとても地味で軽くみられがちなことばかりです。一般的に、アイデアはとても直感的な世界の話として語られます。ただ実際のところは**「しっかりとテーマを定めて考える」先にやってくる、とてもロジカル**（論理的）**な世界の話だと私は考えています**。ちなみに、私どもの会社で制作したカードの多くは、こうしたプロセスを経て誕生しています。

Q：アイデアを作る上でオススメの本はありませんか？

A：アイデアに関する本はたくさん出版されてます
が、私にとっては『アイデアのつくり方』（ジェー
ムス・W・ヤング著、CCCメディアハウス発行）がバイ
ブルです。1940年代から世界中のクリエイター
やビジネスマンが読み継いできたといわれる、古
典的な名著です。

本の帯に「60分で読めるけれど、一生あなたを離さない本」とある
ように、とても読みやすく、実践的な本です。「アイデアをどのよう
に手に入れるか？」についての答えが、この本の中に凝縮されてい
るといっても過言ではないでしょう。

とはいっても、「これをしたらすぐにアイデアがでてくる！」といっ
た魔法の杖のような話は何一つでてきません。誰でもできることを、
しっかりとやりきることの大切さがこの本では語られています。

P40からお伝えした内容は、この本（『アイデアのつくり方』）の内容を
ベースにしています。そして、カードを作ってきた中で、私が「使
える」と実証したものばかりです。

「この人にイラストをお願いしたい」が きっかけになることもある

 イラストに出会って「これしかない」と感じるときもある

カードのイラストは、「自分で描く」か「誰か（たとえばイラストレーター）に描いてもらう」かの選択肢があります。イラストを自分で描かない場合、「イラストレーターをどのように探すか？」がカード制作のポイントとなります。そのための方法は第3章でお伝えしますが、**イラストレーターをリサーチしている中でアイデアが生まれていくことも少なくはありません。**

みなさんは、イラストレーターを探すプロセスで、たくさんの作品を目にすることになると思います。そうした中で、心がひきつけられるような作品に出会うこともきっとあることでしょう。

そんなときは、「**このイラストレーターにお願いしたら、どんなカードになるだろう？**」とぜひ考えてみてください。それが、アイデアのきっかけになるはずです。

そのイラストレーターの作品を調べて、個展に足を運んでもいいでしょう。実際に作者に会って人間性を感じることができるなら、そこからさらにたくさんのインスピレーションがやってくるかもしれません。

そうした中で、「自分がカードを作るとしたら、このイラストレーターしかありえない」と感じることもあることでしょう。これこそが、みなさんのアイデアがまとまってきたという証です。

ここでのポイントは、「このイラストレーターに仕事を頼めるかどう
か?」ということは脇に置いて考えることです。

　「無名な自分が頼んでも断られるだろうな……」と感じることがある
かもしれません。ただ、**イラストレーターの側から見ると「新たな仕事
のオファー」**がやってきたということです。よほどの気難しい作家さん
でもない限り、迷惑がられることはないはずです。

📇 過去にあった実際のケース

　あるカードを制作していたのですが、契約上のトラブルからイラスト
が使えなくなってしまいました。つまり、企画はスタートに逆戻り。新
たにイラストレーターを探さなくてはいけなくなりました。

　日本国内はもとより、海外のイラストレーターも含めてリサーチす
る中で、あるヨーロッパ在住のイラストレーターにたどりつきました。
HPにはその作家の過去の作品がたくさん掲載されています。どうやら
西洋では名前を知られたイラストレーターのようです。

　たくさんのイラストを見ていると、カードが完成したイメージがふと
頭をよぎりました。つまり、アイデアがまとまってきたということです。

　HPの連絡先から「カードを作りたいのですが協力していただけませ
んか?」とメールをすると、すぐに返事がきました。イラストレーター
から見れば、遠いアジアの国からのオファーです。嬉しくないはずがあ
りません。話はトントンと進み、半年後にはカードとして誕生しました。
こうした形でもアイデアが作られていくという一つの実例としてぜひ
ご参考にしてください。

イラスト以外にも さまざまなカードの表現方法がある

 ## 「カード＝イラスト」ではない

「カードを作るには、イラストを準備しないと……」

　カードを作るにあたり、条件反射的にそう考えるカード作家はきっと多いことでしょう。

　ただここ数年、**イラストを使わないカードがたくさん出版されています**。こうしたカードがあることを知っておくことも、アイデアを考えるにはとても大切なこと。ここでは、そのいくつかの実例を紹介することにしましょう。

1. 写真を使ったカード

　イラストではなく、**写真を使ったカー**  **ド**です。よく使われるモチーフとしては、天然石や自然のワンシーンが挙げられます。イラストに比べて微細な表現が可能になります。制作上のメリットとしては、「イラストを描くのに比べて短い期間で カードを完成できる」「すでに撮影された写真を借りることもできる」などがあります。一方で、「イラストで作られたカードの方がリーディングしやすい」といったユーザー側の根強い意見もあるようです。

2. 写真をコラージュさせたカード

　何枚かの写真を組み合わせてコラージュにしたカードです。独創的なタロットカードとして人気が高い『ボイジャータロット』がこのタイプのカードとして有名です。写真を使ったカードに比べて、まだ出版されている点数が多くありません。そのため、新たなカードを生みだすチャンスがあるといってもいいでしょう。制作にあたっては、コラージュを取りまとめる人のセンスや感性に頼る部分が大きくなります。そのあたりの人選ができるかどうかがポイントになるでしょう。

3. 文字を使ったカード

　文字や言葉を前面に押しだしたカードです。古代文字や漢字、アファメーション（肯定的な言葉）などさまざまなテーマのカードが存在しています。イラストを描き起こす必要はありませんが、文字だけだとどうしても単調なカードになってしまいがちです。そのため、文字を魅力的に表現することが必要となり、カードの良し悪しがデザイナーの力量にかかってくることになります。

4. 色を使ったカード

　「色」や「色彩」をそのままテーマにしたカードです。色に含まれる意

味合いや、色が持つ癒やしの力などをコンセプトにしています。色を写真で表現したり、デザインで表現したりと、さまざまなタイプがあります。カード制作上にあたっては、「すでに出版されている『色』をテーマにしたカードとの違いをどう表現できるか？」がポイントです。なぜなら、カードのテーマが共通だと、どうしてもカードの完成形が似てきてしまうからです。

5. シンボルを使ったカード

曼荼羅や家紋などのシンボルを使ったカードです。制作にあたっては、イラストレーターがシンボルを描く場合と、デザイナーが作り上げていく場合とがあります。また、ライセンスフリーで使える画像を使ってカードにしていくなどの方法もあります。

カード制作のQ&A

Q：カードを制作するにあたって無料で使える画像があると聞きましたが？

A：無料で使える画像はあります。代表的なものは、「クリエイティブ・コモンズ0」と「パブリックドメイン」と呼ばれるものになります。

「クリエイティブ・コモンズ0」は著作者が著作権を放棄し、使用や改変など自由に行える状態のものです。原則として、著者名の表記

なども必要はありません。インターネット上でフリー素材として多数公開されているのでお好みのものを探してみるとよいでしょう。なお、使用にあたって以下の点には十分注意をしてください。

1. 誰でもが無料で使えるため汎用性の高い画像は、他の作品や広告等でも使われている可能性があります。オリジナリティを追求するのであれば、フリー素材の使用は慎重に検討されることをオススメします。

2. フリー素材という名目であっても、サイト毎に規約が異なります。中には著作者名の表記が必要なものや、商用利用を禁止しているものもあります。必ずご自身でサイト上の規約を熟読しましょう。

「パブリックドメイン」とは、著作権が放棄された、もしくは消滅したため誰でも自由に利用することができるようになったものを示す言葉です。たとえば、著者の没後一定の年月（2023年現在は70年という規定があります）が経過した絵画などがこれにあたります。

原則としてパブリックドメインの作品は誰でも利用、改変等行うことができます。ただし、著者の人格的利益を害するような利用は認められていません。また、著者の死後も遺族が権利を継承している場合もあり、すべての過去の著作物がパブリックドメインではないという点にも注意が必要です。

「カード企画書」をまとめてみよう

 ## 「カード企画書」は一番最初の設計図

アイデアがでてきたら、「カード企画書」にまとめてみましょう。

企画書といっても、立派なものを作る必要はまったくありません。みなさんが、「自分のカードはどのようなカードか？」を客観的に整理するために作るものですので、A4用紙で2〜3枚程度でまとめれば十分です。

「カード企画書」には、まずは以下の5つのポイントをまとめておけばよいでしょう。もちろん、まとめているうちに「あ、これも入れておいた方がよいな……」と思うことがあれば、それも追加してください。企画書には「こうでなければいけない」という正解はありません。

今後、デザイナーや印刷会社に仕事を発注するときにも、この「カード企画書」があれば話はスムーズに進めやすくなります。また、この企画書を土台として出版社へ売り込むための企画書を作ることも可能です。カードの「一番最初の設計図」をまとめているつもりで取り組んでみましょう。

1. どのようなカードか？

カードの特徴をみなさんの言葉でまとめてみましょう。ポイントは、第三者に説明するときに分かりやすいよう端的に表現してみることで

す。「インド神話の神々をモチーフにした78枚のタロットカード」「宇宙と星の神秘をテーマにした44枚のオラクルカード」といった具合です。うまくまとまらないときは、箇条書きでいくつも挙げても構いません。

2. 誰が？　どのように？　このカードを使うか？

「このカードを誰が使うか？」をイメージしてみましょう。「女性でしょうか？　男性でしょうか？」「年齢はおいくつくらいでしょうか？」「生活のどういうシーンでこのカードを手に取るのでしょうか？」「他のカードではなく、このカードをなぜ使うのでしょうか？」……想像力を働かせながら「カードが使われるシーン」をイメージしてみましょう。

3. 他のカードとの違いは何か？　このカードの新しさは何か？

このカードの「新しさ」はどこにあるのかまとめてみましょう。「このカードが他のカードと違う点はどこか？」といってもいいかもしれません。ユーザーがあなたのカードを選ぶには、何かしらの理由があるはずです。この質問は、そんな理由をはっきりとさせていくために効果的な質問になります。

4. なぜ、このカードを作ろうと思ったか？

カードを作ろうと思った理由をまとめておきましょう。**ユーザーはカードの背景**（制作に至った話）**にこちらが考えている以上に関心を持つ**ものです。カードが完成してからでは忘れてしまうことも、いまの時期であればちゃんと記憶されているはずです。しっかりと企画書に残し

ておくとあとあと財産になります。また、カード制作は長丁場になりますので、自分の原点を定期的に振り返るためにも有益です。

5. カードの著者である「私」は何者か？　（自己紹介）

　自己紹介をまとめてみましょう。カードはイラストやメッセージがもちろん大切ですが、「誰が作ったか？」も重要な要素の一つです。「このカードを作った私は何者か？」をまとめてみましょう。できれば、**このカードを作った理由と関係するような自己紹介だとベスト**です。

　企画書をまとめていると「どうもうまく言葉に表現できないな……」「なんだか漠然としているな……」という部分があるかもしれません。そこは、「もうちょっとじっくり考えるポイント」としてとらえるとよいでしょう。時間をかけて考えることで、徐々にアイデアはよりよいものになっていくはずです。焦らずに、企画を熟成させていく感覚で向き合うといいでしょう。

第 3 章

はじめの
一歩を
踏みだそう

アイデアを「思いつき」だけで
終わらせないために

 アイデアをブラッシュアップさせよう

　カード制作は、アイデアを生みだすことからスタートします。アイデアがなければ制作の進めようがありません。ただ、思いつくままにカードを制作するのは、船が行き先を決めずに出航してしまうようなものです。どこに到着するか運任せになってしまいます。

　そのため、**カード作家がまっさきに手をつけるのは「アイデアをきちんと生みだすこと」**に尽きます。アイデアさえ決まれば、カードを制作する方向性がどんどんとクリアーになってくるはずです。

　そのために前章では「アイデアをだすヒント」をお伝えしました。「どんなカードを作りたいか？　を問いかけ続ける」「ふと気になったものに注意をはらう」「関心のあるテーマを深堀りしていく」など、どれもカード制作の実体験から生まれたものばかりです。

　ただ、せっかく生みだしたアイデアも、そのままにしてしておくだけなら「単なる思いつき」や「たまたまひらめいたこと」にしかすぎません。アイデアは「ブラッシュアップ（磨き上げる）」させたり、じっくりと考えたりしていくことで、徐々にその姿をはっきりとさせてきます。

具体的な一歩を踏みだそう

　アイデアをブラッシュアップさせるためには、具体的な一歩を踏みだすことです。

> - 制作に協力してくれる人は見つかるの？
> - 自力でカード制作するお金をまかなえるの？
> - イメージしているものを技術的に制作することが可能なの？

　こうしたことは、「はじめの一歩」を踏みださないと、なかなか実態が見えてきません。

　具体的に動くことで、「できること」と「できないこと」、「予算的に可能なこと」と「予算的にどうしても難しいこと」などが、はっきりしてくることでしょう。それらの情報を元にしながら、アイデアをどんどんと磨き上げていくのです。

　この本では「アイデアを考えていく段階」（第2章）に対して、本章（第3章）を「アイデアまとめていく段階」として区分けしています。第2章では子どものように自由な気持ちでアイデアを考え、第3章では具体的な行動を通じて、大人的な視点から現実的に考えていくのです。

　この両者はちょうど車の両輪のようなもの。どちらが欠けていてもいいアイデアにはなりえません。つまりカード制作をしている間は、私たちの中に「自由な子ども」と「冷静な大人」とが同居していることが大切なのです。

はじめの一歩・その①：
ビジネスパートナーを探そう

 誰と一緒の船に乗るか？

　「はじめの一歩」の中でも、一番大切なのがパートナー選び。一緒に
カード制作に取り組んでくれるビジネスパートナーを探しましょう。

　カード制作はあれもこれも自分で行うことはできません。「イラスト
レーター」や「著者」といった方の協力があって、はじめて形にするこ
とができます。
　せっかくのアイデアも協力者がいなければ、絵に描いた餅になって
しまいます。まだアイデアは本決まりではないかもしれませんが、ある
程度作りたいものがイメージできたら協力者探しに着手しましょう。な
ぜなら、協力者探しには時間がかかるからです。

【イラストレーターの探し方】

　イラストレーターとは、カードのイラストを描くクリエイターのこと
です。フリーランスで活動している人、会社組織に所属している人（会
社員）、大きく二つに分かれます。

　作品の表現方法もさまざまです。
　キャンパスや紙などの画材に、水彩絵具やアクリルを使って描く（一
般的に「アナログ画」と呼ばれる）人もいれば、コンピュータ上で作品を作り
上げる（「デジタル画」と呼ばれる）人もいます。中には、両方の技法を器用

に使い分けながら描き上げる人もいます。

　イラストレーターは、当社でもカードを作るたびに試行錯誤しながら探してきましたが、そう簡単には見つかりません。ただ、だからといってパートナー探しをしなければ、カード制作は前に進みません。

　過去にイラストレーターを探す方法として効果的だったものには、次のようなものがあります。

1. イラストレーターが集まるイベントに足を運ぶ

　イラストレーターなどの「表現したい人」が集まるイベントが各地で開催されています。代表的なものの一つに、「デザイン・フェスタ」があります。1994年からはじまったこのイベントでは、会場の東京ビッグサイトに数千ものブースが所狭しと並びます。**さまざまなジャンルの作品を見ることができるため、カードのアイデアをまとめる上でも有益なイベント**です。

　中には、「すでにカードを作っている」「将来的にカードを作りたいと思っている」といったイラストレーターが出展していることもあります。臆することなく、積極的にコミュニケーションをとってみましょう。

2. イラストレーターの友達を紹介してもらう

　知り合いにイラストレーターはいませんか？　仮にそんな方がいれば「イラストレーターを探している」と相談してみましょう。**イラストレーターの周りには、同業者の友達がいることが多いものです。**「こんなイラストを描く人を探しているんだけど、誰かいい方いませんか？」とダイレクトに聞いてみるとよいでしょう。

3. 専門学校に足を運んでみる

　イラストレーターを養成する専門学校に足を運ぶ方法もあります。教務担当や学校の先生にアポイントメントをとって、「**イラストレーターを探している**」趣旨をお伝えして相談してみましょう。学生にとっては、在学中に社会人の仕事を体験できるまたとない機会のはずです。また、ギャランティも相場よりも抑えられることもあるようです。うまくマッチングできれば、双方にとってメリットがある仕事になるでしょう。

4. イラストレーターのSNSやブログでの発信をチェックする

　イラストレーターのSNSやブログをチェックし、お願いできそうな人をリサーチしましょう。中には「**オラクルカードを作りたい**」「**タロットカードを描いている**」などと投稿をしている人も目にします。そうした方に声をかけると話はスムーズに進みやすいようです。

【著者の探し方】

　著者とは、カードの使い方やメッセージをまとめる人のことです。ほとんどのカードにガイドブックがついていると思いますが、この内容を執筆する人が著者ということになります。

　カードをそのままの単体で使うことはなかなか困難です。なぜなら、カードに込められた意図や背景などを読み解くことが難しいからです。著者のガイドにより、そのカードの全体像が明らかになり、より使う人にやさしいカードになるのです。

著者にはさまざまな方が名前を連ねています。

「メディアで活躍する有名人」「カードの研究者」「ベテラン占い師」「占い専門ライター」「スピリチュアルリーダー」など、カードによってまちまちです。**イラストと著者は別の人が担当することが一般的ですが、まれにイラストレーターがメッセージをまとめる（著者になる）カードもあります。**

一般的にカードのアイデアを考えた人（企画者）が著者となってガイドブックをまとめるケースがほとんどです。ただ、カードの企画者が自分とは別の著者を探したい場合には、次のような方法があります。

1. 気になった研究者や占い師の発信をチェックする

SNSやブログでの発信をチェックしましょう。できれば、数カ月にわたって投稿を見続けるとよいでしょう。その人の文章がイメージできたり、大切にしている価値観が分かってくるからです。また、文章を通して「人となり」が分かってくることもあります。

2. カードに関連する講座や勉強会に足を運んでみる

カード関連の講座や勉強会に足を運んでみましょう。「タロットカード　講座」「オラクルカード　講座」などのワードで検索し、気になった先生の講座に参加してみましょう。「この先生に学んでみたいな」「カードをうまく表現してくれそうだな」と思ったら、思い切って相談してみるのも手です。

3. こちらから情報を発信してみる

　SNSを使って「文章をまとめてくれる協力者を募集している」と発信してみましょう。思いもよらなかった方から打診があったり、知り合いを紹介したりしていただけるかもしれません。ただ、告知に際しては企画内容を細かく書きすぎないように配慮をしないといけません。類似したカードが他に生まれないように、カードが完成するまではアイデアは大切に秘めておくのが原則だからです。

4. 過去にカードを作った著者に打診してみる

　敷居は高くなるかもしれませんが、すでにカードを発行している著者に打診する方法もあります。「カードとはどういうものか？」を分かっているので話がスムーズに進めやすいです。また、カードに関する経験もあるので、打ち合わせをしていく中で新たなアイデアをいただけることもあるかもしれません。

はじめの一歩・その②：
早めに印刷会社を探しておこう

 「こんなはずではなかった……」とならないために

印刷会社の選定はカード制作のかなめです。

通常、印刷会社にはカード制作の最終工程で仕事を頼むことになります。そのため、カード作家によっては制作することに一生懸命で、ギリギリまで印刷会社とやりとりをしない方もいらっしゃいます。

ただ、印刷会社と下打ち合わせをしておかないと「印刷の予算」がまったく見えてきません。「予算はいくらかかってもいい」というカード作家ならともかく、たいていは限られた予算の中でカードを作ります。ある程度の印刷予算のイメージをつかんでおかないと、制作をしていてもお金の不安が頭をよぎることになってしまいます。

その他にも、「カードを制作する上での注意点は何か？」を打ち合わせしておかないと、いざ制作が進んだ段階で「こんなはずではなかった……」ということにもなりかねません。カード制作の早い段階で印刷会社とやりとりしておくと、安心して制作を進めることができるはずです。

 印刷会社の探し方と依頼のマナー

印刷会社を探すには、ネット検索を活用するカード作家が多いようです。「オラクルカード　印刷」「タロットカード　制作」といったキーワードで調べると、たくさんの業者がでてきます。営業担当者とは、で

きる限り直接会って話をしましょう。長いお付き合いになりますので、お互いの人間性を知るためにも大事にしたいことです。近くにカードを作った作家がいるのであれば、「どの印刷会社を使ったか？」を聞くのもよい方法です。担当者を紹介してもらえれば、こちらも印刷会社も安心して仕事に臨めるでしょう。

　印刷会社には「まだ、企画のスタート段階だ」ということを伝えた上でやりとりしておくことをオススメします。今のタイミングに合ったアドバイスをいろいろといただけるはずです。その他、印刷会社とやりとりするときは、次の点に注意するとよいでしょう。

1.「とりあえず見積り」はやめる

　みなさんにとって一番関心があることは、「カードの印刷にいくらかかるか？」でしょう。だからといって「とりあえず見積りだけください」とお願いするのはマナー違反です。なぜなら、印刷会社の仕事は「お客様の印刷を引き受ける」ことであって、見積りはそのための前仕事だからです。「とりあえず」という気持ちで頼むものではありません。印刷会社はカード制作にとってなくてはならないパートナーです。相手の立場を配慮したお願いをしましょう。

2. 作りたいものを明確に伝える

　「どんなものを作りたいか？」を明確に伝えるようにしましょう。こちら側の要望がはっきりしていると、見積りも具体的にだしていただけます。一番よいのは、自分が作りたいカードと同じようなカードを持参した上で見積りをお願いすることです。

3. 分からないことは分からないと伝える

　「オフセット印刷」「帳合」「断ち切り」……印刷会社との打ち合わせをしていると、知らない言葉がでてくることがあります。そんなときは、「分からないので教えてください」ときちんと伝えるとよいでしょう。あいまいなままにしておくと、後でトラブルの原因にもなりかねません。（P156参照）

4. 印刷は時間がかかるものだと理解しておく

　印刷はカード制作の最終工程。ここで間違いが起きてしまえばいままでの努力も無駄になってしまいかねません。慎重な作業が求められる大切な仕事です。そして、丁寧な仕事をするためには、ある程度の時間はかかるものです。「イベントまでに間に合わせたい」「今年中に作りたい」などこちらの要望を伝えることはもちろん大切です。ただ、印刷会社側の事情にも心配りしたいものです。

──┤ Interview ├──

印刷会社の現役営業マンに聞く、
見積りのコツ

　この項では、印刷会社を探し、見積りを取得するまでの流れを説明しましたが、多くの人にとって、印刷会社とのやりとりははじめての経験となるはずです。そこで、多数のカードの印刷を手がける株式会社昇文堂の朝倉さんに、スムーズに見積りを取得するためのコツを伺いました。

──────

Q：印刷の見積りをいただきたい場合、最初はどんな風にご相談するのがよいでしょうか？

A：印刷会社の立場として一番助かるのは、作りたいカードに似たものを持ってきていただくことです。その現物をベースに色数・部数・サイズ・厚さ・枚数・表面加工・冊子ページ数・箱のタイプなどを伝えていただくと、お客様が作りたいものが明確に分かるので、見積りもやりやすくなります。

　もし、イメージに合うカードを持っていない場合は、カード印刷の実績がある印刷会社にはサンプルが用意されているはずなので、その中から希望する内容に近いものを選んでもよいですね。

Q：最初から細かな条件を決めた方がよいですか？

A：もちろん、すでに仕様や部数などが決まっている場合は、それを伝えていただければありがたいのですが、最初から条件がすべて決まっているという方が珍しいと思います。

そこで、皆様にお願いしているのは、印刷部数を想定していただくということです。なぜなら部数によって、オススメする印刷方法も変わり、当然、印刷料金も変わるからです。

部数についても、「見積りを見てから決めたい」という方が大多数ですので、最初から決めることはできないのは仕方がないことです。その場合は500部を基準にしてそれ以上か以下か、と考えてみてください。

広く一般に流通させたいのか、身近な範囲で販売したいのか、漠然としたイメージでもよいのでお伝えいただければ、こちらからちょうどよい部数をご提案することもできます。

Q：その他にお伝えするべきポイントはありますか？

A：もし最初のお見積りの段階で完成させる時期が決まっている場合は、それもお伝えいただけると助かります。実際に「まだまだ先の話なのかな」と思っていたら、あるとき、急に「〇月〇日までに必ず納品して欲しいんです！」と言われる、というようなこともよくあるのです。どんなに急いでも印刷には30〜40日は必要ですので、早い段階でご相談いただくと、後でお互いに焦ることもなく安心して制作を進めていただけるはずです。

━━━━━━━━━━ Interview ━━━━━━━━━━

Q：こういうご相談は困る、という例があればお聞かせいただけますか？

A：一番困るのが、どんなカードを作りたいのかはっきりしないという場合です。そうなると、伺ったお話を元に、大体カードが何枚くらいで、解説書は何ページくらいで……というように、私たち印刷会社の方で内容を想定することになります。こうしてお見積りをおだししても、お客様のイメージするものとぴったり一致するというわけにはいかないので、あまり参考にならない価格になってしまうのです。

Q：これからカード印刷の見積りを取得したいという方へメッセージをお願いします。

A：「こんなことを聞いたら笑われるかも……」などと心配せず、何でも質問してください。分からないことや不安なことは早めに解消しておく方が、その後の作業もスムーズに進むはずです。

　見積り金額が予算をオーバーしている場合は、どの部分を変更すればコストダウンできるのか？　など、ご遠慮なくご相談ください。カード作りの夢を、最初の見積りで諦めてしまった……というようなことがないように、私たちも応援したいと思います。

協力　株式会社昇文堂
https://www.shobundo.org

はじめの一歩・その③：
デザイナーを探しておこう

 イラストレーターとデザイナーは役割が異なる

デザイナーとは、カードを商品としての形にするクリエイターのことです。

イラストレーターが描いた作品や著者がまとめた解説文を、専門のソフトを使ってデザインし、商品として作り上げていきます。

一般的に、

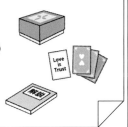

①カードのパッケージ

②カードの表面（イラストやメッセージの面）

③カードの裏面（カード共通面）

④カードの解説書（表紙と本文）

この4点を通して、カードの魅力を最大に引きだせるように表現するのがデザイナーの仕事です。

イラストレーターが「料理の材料を用意する役割」だとすると、デザイナーは「料理として作り上げていく役割」を担います。イラストは描き上がったけど、デザイナーが見つからない……とならないように、この段階でめどだけでもつけておくと気分的に安心でしょう。デザイナーの探し方には、次のような方法があります。

1. イベントで探す

　デザイナーが出展し、自分の仕事のPRをするイベントが各地で開催されています。こうした場所に出向いて、デザイナーを探す方法です。過去の仕事を見ることもできますし、何よりデザイナー本人と直接会えるのでフィーリングをつかむこともできます。「イラストレーターの探し方」（P56参照）でもお伝えした「デザイン・フェスタ」は、規模も大きく、たくさんのデザイナーに会うチャンスがあります。

2. 知り合いの紹介から探す

　周囲で出版や広告、HP制作会社で働く人はいませんか？　そうした人間関係の中から、デザイナーを紹介をしてもらう方法です。こうした業種は、比較的デザイナーとの付き合いがあるので、何らかの情報を持っている可能性があります。SNSをやっているのであれば、つながりがある方に「デザイナーを探しているけれど、どなたか知りませんか？」を呼びかけてもよいでしょう。

3. ネットで探す

　ネットで探すと、たくさんの会社やフリーランスの方がでてきます。ただ、あまりにも情報がありすぎて、どの方を選んだらよいか迷ってしまうでしょう。デザイナーと一言でいっても、専門性がそれぞれ異なります。そのため、カードのデザインに適したデザイナーを見極めるのは難しいかもしれません。さまざまなワードで検索を繰り返して、過去にカードを制作したことがある人がみつかるのがベストです。ここはみなさんのがんばりにかかっています。

4. カード専門の制作会社も存在する

　カードの出版社が、デザインを請け負うケースもあります。私が代表を務めるヴィジョナリー・カンパニーでは、自社でカードを出版するのがメイン業務ですが、「デザイナーが見つからない」というカード作家のためにデザイン業務を請け負っています。カード制作のニーズが高まるにつれ、こうしたサービスは今後どんどんと誕生してくることでしょう。

 デザイナーなら、誰に依頼しても大丈夫か？

　カードのデザインと一言でいっても、そこには「カードの表と裏」「ガイドブック」「パッケージの蓋と底」というように、多くの要素が含まれています。

　これらをすべて一人で仕上げることになるので、どんなにデザイナーとしてのキャリアを積んでいても、チラシや雑誌広告などの1枚もののデザインとはやはり勝手が違うようです。実際に、デザイナーとして多くの仕事をしているという人にカードのデザインを依頼したところ、期待したような仕上がりにならなかったという話もよく耳にします。

　一番よいのは、カードのデザインを手がけた実績のあるデザイナーに依頼することですが、運良くそういった人に出会えるとは限りません。

　そこで、次点としては「カードのことを知っている、理解があるデザイナー」を探すことをオススメします。カードのデザインの経験はなくても、カードを知っているというだけで、作者の思いや仕上がりのイ

メージなどは共有しやすくなるはずです。

　もし、カードに理解があるデザイナーを探すことも難しいという場合は、時間とコストがかかってしまいますが、試作を依頼するという方法もあります。

　正式に発注する前に、カード2〜3枚と解説書2〜3ページ分程度をデザインしてもらって、イメージから大きく逸脱していないか確認する、いわばオーディションのようなものです。

　もちろん無料ではなく、数千円〜1万円程度はお支払いすることになります。イメージに合わない場合にお断りするのも気まずいと心配になるかもしれませんが、ミスマッチを避けたいという気持ちはデザイナーの側も一緒ですので、礼儀をもってお伝えすれば問題はありません。

カード制作の Q&A

Q：イラストレーターがデザインをやってくれることはないのですか？

A：通常はイラストレーターとデザイナーは別々の専門家であることが一般的です。イラストレーターが描いた作品を、デザイナーが客観的に見た方がよいデザインができること多いものです。

　イラストレーターの中にはデザインまで行える方もいます。また、イラストからデザインまでを一人の方にお願いした方が、話がス

ムーズになる場合もあります。このあたりはイラストレーターに相談してもよいでしょう。ただし、イラストレーターがデザインに不慣れな場合は無理強いせず、別途デザイナーを探した方が無難です。また、たとえ一人の方にお願いしたとしても、ギャランティはそれぞれの業務（イラスト、デザイン）に対して支払うのが礼儀です。

———————

Q：印刷会社に相談してデザイナーを探すのはいかがでしょうか？

A：**協力者探しのポイントは、「つてがありそうな人がいたら、聞きまくる」ということにあります。**そのため、印刷会社に相談する手も、もちろんありです。

ただ、私の経験からいうと印刷会社はデザイナーとの強いパイプを持っていないと感じることが多いです。それよりも、出版や広告関係、webメディア関係者の方が、会社に出入りしていたり、営業目的で来社するデザイナーがいるので情報を持っていることが多いようです。

印刷会社によってはデザインの仕事を受けてくれることもあります。ただ、チラシやカタログなどの簡易的なものであることが多く、カードのような専門的なものはなかなか難しいかもしれません。

はじめの一歩・その④：
全体のコスト感を把握しよう

 「一体、いくらかかるの？」を明らかにしていく

協力者が見つかってきたら、見積りをとりましょう。

「全体でどのくらいのお金がかかるか？」が見えてこないと、どこか不安でなかなか先に進めないものです。また、見積りをとることでさまざまなことが見えてきます。

- 「このままだと、お金がかかりすぎて実現が難しいな……」
- 「このコストだと、○○円くらいで販売できるな……」
- 「カードの枚数を減らすか、印刷部数を減らさないと印刷費がかかりすぎるな……」

という具合です。

よく、「大雑把でかまわないので、カード制作のための金額を教えてください」と質問されることがあります。気持ちはよく分かるのですが、その質問に対する答えはありません。なぜならこの世に一つとして同じカードはないからです。紙質、加工方法、印刷会社、制作部数……すべて条件は違います。「自分が作りたいカードの場合、どうなるか？」として見積りをとらないと、金額のイメージはぼんやりしたままなのです。

カード制作で大きくお金がかかるポイントは、

①イラスト代（または、著者への文章制作代）
②デザイン代
③印刷代

この3点です。そのため、協力者探しと見積りとはワンセットでとらえるとよいでしょう。

実際、「気に入ったイラストレーターがいたんですが、いざ見積りをしてみると高すぎて……」という話はよく耳にします。イラストレーターやデザイナーから見ても、お金の話をきちっとする発注者は安心してもらえるはずですので、気おくれせずに見積りをお願いしましょう。

イラストレーターへの見積りのポイント

1. 依頼する業務を明確に伝えよう

まずは「どのようなカードを作りたいか？」というイメージをはっきりと伝えましょう。そして、イラストレーターに対してこちら側の希望する内容を説明してください。「イラストの枚数は？」「イラストの大きさは？」「納期は？」「作画方法は？」などをお伝えするのが一般的です。

2. 仕事の内容に共感してもらおう

　カード制作には、長い月日がかかります。そのため、こちらと同じような意識で仕事に取り組んでもらえるかが大切なポイントになってきます。見積りの金額もさることながら、「なぜ、カードを作りたいか?」「どんなカードを作りたいか?」をしっかりと伝えて、こちらのビジョンを共有してもらうことが大切です。

3.「標準価格」には注意しよう

　イラストレーターのウェブサイトを見ると価格表が載っていることがあります。「A4の作品で3万円〜」「挿絵1カット 1万円〜」といった具合です。ただ、**この価格表の料金でそのままですと原価が高くなりすぎ、カードとして形にできないことがよくあります。**カードは枚数が多いので、通常のイラスト制作よりまとまった発注になります。そのあたりを踏まえてお互いにとってメリットのある見積りをしてもらうことが大切です。

4. いつお支払いをするかは、見積り時にはっきり伝えよう

　イラストレーターへの支払いは、①業務を発注した段階（作業に着手した段階）、②制作が終了した段階（印刷は終わっていない）、③カードが発売された段階、といくつかの方法があります。①と③では数カ月もの開きが生じることになります。そのため、**イラストレーターからすると「どのタイミングで支払いをしてもらえるか?」はとても大切なポイント**です。逆にいうと、支払いを早めにすることで料金の交渉ができる余地もあるということです。

デザイナーへの見積りのポイント

1. 依頼する業務を明確に伝えよう

　デザイナーへ依頼する仕事は通常 ①カードのパッケージ、②カードの表面、③カードの裏面、④ガイドブックの4点です。この4点をお願いすることを最初にはっきりと伝えましょう。自分が作りたいカードに近いものがあれば、それをサンプルにして話を進めるとスムーズにいくでしょう。

2. 希望の納期をはっきりと伝えよう

　「どのくらいの日数で作業を終わらせてもらいたいか？」をはっきりと伝えるようにしましょう。デザイナーによっては、「時間をもらえるならば多少、料金が安くても仕事を受けたい」という方もいます。また、短いスケジュールでの仕事は、見積りが割高になるデザイナーもいます。納期について話をすることで、金額的な調整ができる可能性があります。

3. カードの校正案は複数案だしてほしい旨を伝えておこう

　カード制作は、いくつかのイメージを検討しながら一つに絞っていくのが一般的です。ただ、デザイナーによっては1種類のデザイン案しかださない方もいるとも聞きます。そのため、「パッケージやカードのデザイン案は数種類いただきたい」とあらかじめ伝えておくことをオススメします。

カード制作の **Q & A**

Q：イラストレーターにはいくら支払うのがよいですか？

A：イラストレーターにより料金設定はまちまちです。過去に制作に
チャレンジしたカード作家に話を聞くと、**1枚あたり数千円〜1万
円程度で発注されている方が多いようです**。仮に40枚のカードを
発注するとしたら、十数万円〜40万円ほどになりますね。カードは
枚数が多いので、1枚あたりの発注金額が1万円を超えると、「定価
を高めに設定する」「印刷部数を増やして、1個あたりの制作原価を
下げる」などを検討しなくてはいけなくなります。そのため、コス
ト的にはなかなか厳しくなってくると思います。

―――――――

Q：デザイナーにはいくら支払うのがよいですか？

A：これも、デザイナーによって金額はまちまちです。カードの大きさ
や枚数、ガイドブックのページ数や納期などによっても変わってく
るため、一概に「相場はいくら」というのは難しいです。一つの目
安として標準的なオラクルカード（カード44枚、ガイドブック100ペー
ジ程度）の場合、**すべてのデザインをお願いして20万円〜25万円と
いう金額**が挙げられるかと思います。

―――――――

Q：イラストレーターへの支払いは印税方式もあると聞きますが？

A：印税とは、カードの発行部数や販売部数に基づいて支払われる著

作権料のことです。通常、「カードの定価」×「印税のパーセンテージ」×「発行部数（または、販売部数）」で計算され、半年に1回（または、1年に1回）ごとに金銭が支払われる形になります。

イラストレーターにとっては、販売数が増えれば増えるほど収入が増えることになるので、喜ばれることが多いです。一方で、販売部数をベースに印税契約をした場合「販売数が確定しないとお金が入ってこない（＝イラストレーターから見て、入金が先になる）」などのデメリットがあります。

また、印税を支払う側からすると、「販売数に応じた金銭が発生するのでリスクが分散される」というメリットがある一方、「印税計算を定期的にしなくてはならず、業務が煩雑になる」などのデメリットもあります。それぞれのメリット＆デメリットを検討して、相互の納得の下に進めるのがよいでしょう。

───────

Q：イラストレーターと契約書面は交わした方がよいでしょうか？

A：お互いのために交わしておいた方がよいでしょう。契約書面があることで、無用のトラブルを防ぐことができます。

基本事項として、「仕事の対価としていくら支払うのか？」「いつまでに作品を仕上げるのか？」「いくらでカードを販売する予定なのか？」「部数はどのくらい印刷する予定なのか？」「契約期間の取り決めと、更新について」「書面に記載していないケースがでてきた場合について」などがまとまっていることがポイントです。

印刷見積りのポイント

印刷には2種類の方法がある

　印刷の見積りは、「仕様」と呼ばれる情報を印刷会社に伝えるところからはじまります。「カードの大きさ」「カードの枚数」「ガイドブックのページ数」「印刷部数」などを印刷会社の担当者に伝え、それを基にコストが計算されていくのです。

　一番シンプルな見積りの方法は、「これと同じカードを〇〇部作ったら、いくらしますか？」とサンプルを持参して、聞くことです。

　ただ、カードの企画に着手したばかりで「まだそこまで詳しいことは決めてないのだけど……」というカード作家もいると思います。そういった方は、「これからカード制作をはじめるのですが、大体の予算感を知っておきたい」と印刷会社の担当者に話をするとよいでしょう。これから始めようとしている段階だと理解できれば、ごく一般的な形の見積りをだしてくれるはずです。

　印刷にあたってまず押さえておきたいのは、印刷には2種類あるということです。

　「セルフパブリッシング（ライト）」の場合は、ほとんどのカード作家がオンデマンド印刷を利用します。「少ない部数でも発注できる」「限られた予算で印刷できる」が、オンデマンド印刷の特徴だからです。

一方で、「仕様が定型されていて印刷の自由度が少ない」「オフセットに比べて細かな表現が劣る」などのデメリットもあります。

　「セルフパブリッシング（スタンダード）」の場合は、カード作家によりまちまちです。「印刷のクオリティにこだわりたい」「しっかりとしたパッケージで作りたい」という方は、コストは割高になりますが、**オフセット印刷**を選ぶことになります。

　どちらを選んだらよいか分からないという方は、印刷会社の担当者に相談するとよいでしょう。きっとアドバイスをもらえるはずです。

オンデマンド印刷	オフセット印刷
✓スピード対応が可能	✓印刷のクオリティが高い
✓少部数、少量印刷向き	✓大量印刷向き
✓必要なときに必要な分だけ印刷できる	✓高画質な写真やアート作品など繊細な表現が得意
✓小予算でも発注できる	✓少部数だと割高になる

　印刷方法を決めたら、仕様を伝える必要があります。次頁が印刷会社に伝える情報です。なお、オンデマンド印刷の仕様はもっとシンプルになる場合もあります。なぜなら、「カードの枚数」や「パッケージの形」などがあらかじめ標準規格として定めることにより、コストダウンを図っている印刷会社もあるからです。

1. カードの枚数と大きさ、色数

・カードの枚数は？

・カードの大きさは？

・カラーか？　それとも、モノクロか？（あるいは、中間の2色印刷か？）

---

2. カードの紙質や厚み、加工

・シャッフルのしやすさを重視するか？　鮮やかな光沢重視にするか？

・紙の厚さを薄めにするか？　厚めにするか？

・カードの四隅を四角くするか？　丸みを帯びさせるか？

---

3. パッケージ

・貼り箱（下の箱と上の箱とを組み合わせる形のパッケージ）にするか？　キャラメルボックス（キャラメル箱のようなパッケージ）にするか？

---

4. ガイドブック

・ページ数は何ページか？

・モノクロか？　カラーか？（あるいは、表紙はカラーで中はモノクロか？）

---

5. 印刷部数

・何部印刷するか？

---

6. アッセンブリー（カードの組み立て）

・カードの組み立てもお願いするか？　それとも自分で行うか？

その他、オフセット印刷の場合パッケージやカードに特殊な加工を施すこともできます。文字や絵柄を浮き彫りにする「エンボス」、蛍光色などの「特色」、金色や銀色を表現する場合に使う「箔押し」などです。こうしたことも、要望を伝えれば見積りに反映してくれるでしょう。

カード制作の**Q**&**A**

Q : 何部刷ればいいかまったく見当がつかないのですがどうしたらよいでしょう？

A : 過去の実例で一番多いご相談は「100～300部で刷ろうと考えている」というカード作家です。そういう方には、「①これだったら売り切ることができそうという部数」「②ちょっとだけ高望みと思える部数」「③だいぶ高望みな感じがする部数」の3種類の見積りをとることをオススメしています。

たとえば、「100部はなんとかなるかな？」というカード作家は、「100部、300部、500部」の見積りを、「300部はなんとかなるかな？」という方は、「300部、500部、800部」の見積りをとるといった具合です。カード1セット当たりの印刷コストを比べることで、「当初より部数を増やして印刷をしよう」と考えを改めるケースはよくあります。

ちなみに、はじめてのカード制作で300～500部程度のカードを売り切るカード作家は珍しくありません。第6章でお伝えしますが、ここ最近はカードを販売する方法がたくさんあります。実際に販売をしてみて「思っていた以上にいろいろな売り方があるので

びっくりした」という声もよく耳にします。こうしたことも加味しながら、部数を検討していくとよいでしょう。

———————

Q：カードの表面はどのように加工されていますか？

A：カードの表面加工には以下のような種類があります。
1. PP加工：印刷が終わったカードに、ビニールコーティングを施す加工です。光沢があるものを「クリアPP」、光沢がなくサラリとした手触りのものを「マットPP」と呼びます。
2. LCコート加工：印刷したカードの上にUV硬化樹脂を塗り、フィルムでプレス。光を照射して硬化させた後に、フィルムをはがすことで光沢が転写されるという方法です。
3. ニス加工：印刷後のカードにニスを塗布する方法です。

———————

Q：カードやパッケージにはどのようなサイズがありますか？

A：原則としてどのようなサイズでも製作することができます。ただし、特殊なサイズになると、カードとパッケージを印刷した後で、所定のサイズに仕上げるための「断裁」と呼ばれる作業の際に使用する金型（金属製の型）を新たに依頼する必要があります。そのため、その分のコストが余計に発生します。

そのため、コストを抑えるために、すでに流通しているカードと同じサイズを選ばれるカード作家が多いというのが現状です。

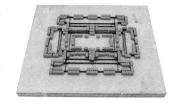

カード制作で使われる金型

Q：解説書には、どのような形式のものがありますか？

A：まず、解説書は必ず必要というものではありません。タロットカードの場合は基本的な使用方法が決まっているということもあり、解説書をつけないカード作家もいます。
オラクルカードのように、著者によるメッセージが重要な意味合いを持つカードの場合は、冊子タイプの解説書を選ぶ方が多いようです。

簡潔な解説書の例

他にも、キーワードだけを簡潔にまとめた用紙を折りたたんだものや、カードと同じサイズ・厚みの用紙1〜2枚程度を解説書の代わりにする人もいます。

いずれにしても、絶対的なルールはありません。カードを通して伝えたいことを表現するのに最適な方法を模索してみてください。

Q：見積りが予算を上回ってしまった場合、どこを見直せばよいでしょうか？

A：印刷コストを抑えるためにもっとも有効なのは、カードのサイズを小さくすることとです。

逆に、カードの枚数や解説書のページ数を数枚分減らしても、印刷費全体に大きな影響は与えません。

印刷部数については、大幅に減らせば印刷費も減りますが、オフセット印刷の場合、単価が高くなってしまいますので注意が必要です。

予算が限られている場合は、印刷会社に相談をしてみましょう。製版の都合や用紙の取り都合（1枚の大きな紙に何枚分のカードが並べて印刷できるか？　ということ）などを計算した上で、適切なカードのサイズや枚数などを教えてもらえるはずです。

また、パッケージを印刷したものではなく、オーガンジーの巾着袋^{きんちゃくぶくろ}やプラスチックのケースなどを使うことでコストダウンを図る方法などもあります。

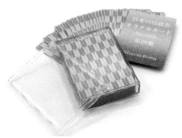

巾着袋の実例　　　　　　　　市販のプラスチックケースの実例

やりたいこととコストと
仕上がりのバランスとは?

　カードを印刷する際には、刷色や紙質、パッケージの形状など、決めなければならないことがたくさんあると説明しましたが、実際には他にも加工の方法や印刷の技法など、無限の選択肢があります。

　たとえば、
- カードの切断面に金・銀などのメタリックな色をつける「天金（てんきん）」
- 印刷後の紙を特殊な形でプレスして地模様をつける「エンボス」
- 通常のPP加工の代わりに模様やラメが入った特殊なフィルムを用いる「ホログラムPP」
- 目立たせたい所に金・銀などのメタリックカラーを使う「箔押し」

　などが、カード制作の際によく話題に上がる技法です。

　その他にも、過去には
- 解説書を和紙に印刷して、和綴（わとじ）にしたい
- 特定の色を鮮やかに印刷して欲しい
- パッケージを従来の形状ではなく、マグネットで止めるスタイルにしたい
- 缶やレザーなどの特殊な素材のパッケージにしたい

　というようなご相談をいただいた例もありました。

　せっかくカードを作るのだから、細部にまでこだわったものにしたい。理想を追求したい。という思いはもちろん大切です。しかし、上記のよ

うな特殊な加工をするには、当然ながらコストがかかります。場合によっては印刷会社の範疇<ruby>範疇<rt>はんちゅう</rt></ruby>で収まらず、別な業者を探して発注しなければなりません。

　現在流通されているカードのサイズ、紙質、パッケージの形状が、ある程度決まったパターンのものが多いというのは、それらが標準的なコストでできるからなのです。上に挙げたようなご相談をいただいたときも、最終的にはコストと予算の兼ね合いが難しく断念されたことが多かったというのが実情です。

　やろうとしていたことを諦めるのは悔しいかもしれませんが、自分のカードを通じて伝えたい思いやメッセージに、特殊な加工を施すことが不可欠な要素なのかを、落ち着いて考えてみてください。そこに時間やコストを割くよりも、丁寧で分かりやすい文章を書くことに集中したり、一筆ごとに気持ちを込めてイラストを仕上げた方が、使う人の心に響くカードになるのではないでしょうか？

　その上で、どうしても譲れない点がある場合は、その他の部分でコストダウンする方法を模索してもよいですし、まずはスタンダードな仕様で無理をせず作ってみて、1作目の売上を投入できる次回作でこだわりを発揮するのもよいでしょう。

　いずれにしても、限られた予算の中でカードを作るわけですから、優先順位をしっかりと見極めつつ、完成形のイメージを固めていきましょう。

はじめの一歩・その⑤：
「カード企画書」をバージョンアップさせよう

「カード企画書Ver.1」でカード制作を具体化させる

　みなさんが作成した「カード企画書」（P50参照）には、このような項目がすでに盛り込まれていると思います。

> ① どのようなカードか？
> ② 誰が？　いつ？　どのように？　このカードを使うか？
> ③ 他のカードとの違いは何か？　このカードの新しさは何か？
> ④ カードを作っている「私」は何者か？　（自己紹介）
> ⑤ なぜ、このカードを作ろうと思ったか？

　そして、みなさんはこのアイデアをなんとか形にしようとしていろいろと行動をしてきましたね？　イラストレーターを探したり、印刷会社に見積りをとったり、デザイナーと交渉したり……と現実的なやりとりをしてきたはずです。

　その中で「実現するのが難しいこと」や「お金がかかりすぎること」などがいくつか見えてきたかもしれません。また、新たにアイデアがでてきた人もいるかもしれません。こうした事柄をすべて盛り込みながら「カード企画書」をブラッシュアップさせていきましょう。いうなれば、「カード企画書（アップデート版）」です。

ここでは次のような内容を追加していきましょう。

---

① イラストレーター(著者) のプロフィール

② 完成までのスケジュールイメージ

③ カードの仕様（カードの枚数、ガイドブックのページ数、制作部数、
印刷方法、パッケージの種類など）

④ カードの制作コスト（イラストレーター、デザイナー、印刷会社へ
の支払い額、それぞれの支払い時期）

⑤ 1セットあたりの販売価格 (予定)

「カード企画書Ver.1」では、課題も明確にしよう

さらに、制作をする上での課題や懸念があればそれもまとめるように
しましょう。たとえば、

- 「好みのイラストレーターに発注するとコストが合わない」
- 「オフセット印刷で作りたいが、印刷部数が増えてしまうので不安」
- 「販売価格をもう少し安くしたいが、現状のコストでは難しい」

といった具合です。

　取り組むべき課題が明確になると、私たちの脳は無意識のうちに解
決策を探しはじめるそうです。ですので、課題がはっきりしたことをポ
ジティブに受け止めましょう。

　この本では、アイデアをまとめただけの企画書を「カード企画書

Ver.0」、具体的に動いてきた情報を盛り込んだ企画書を「カード企画書
Ver.1」と呼んで区別しています。

「カード企画書Ver.1」に盛り込まれるのは、夢や希望のような話ばか
りではありません。協力者のこと、お金のこと、支払いのこと……とて
も現実的で生々しい内容が含まれているはずです。そのどれもが、机
の上で「ウン、ウン」と考えていても分からなかったことばかりです。

「カードの企画書」が「Ver.0」から「Ver.1」へと姿を形を変えていくこ
と、それこそが「カード制作が具体化して動きだした」というとてもリ
アルな証なのです。

カード制作の**Q&A**

Q：販売価格はどのように決めたらよいのでしょうか？

A：「経営は値決め」という言葉があるように、価格決定は非常に難し
い仕事です。なぜなら、わずかな価格の違いが大きな利益の有無を
生みだしてしまうからです。

販売価格については、「こう決めないといけない」というルールは
ありません。すべてがカード作家の決断にかかっています。一般
的にはこのような形で決めるカード作家が多いようです。

①カードの制作原価を計算する（イラスト代＋デザイン代＋印刷代＋その他の費用）
②カード1セットあたりの制作原価をだす（制作原価÷印刷部数）
③制作単価に「想定利益」をプラスして価格案をいくつもだしてみる

> **例／制作原価が1,200円だった場合**

制作単価 1,200円＋利益 1,200円＝価格案 2,400円（原価率50％）
制作単価 1,200円＋利益 1,800円＝価格案 3,000円（原価率40％）
制作単価 1,200円＋利益 2,400円＝価格案 3,600円（原価率33％）

④それぞれの金額案を以下の質問を通して検討し、最終決断をする。

> **質問例**

「この価格でお客様は納得して購入いただけるだろうか？」
「この価格で卸売り（P173参照）はできるだろうか？」
「何セット販売すれば制作原価をまかなうことができるだろうか？」

Q：カードの出版社が販売しているような価格にしたいのですが、コスト的に無理です……。

A：カード制作は、印刷部数を多くすればするだけ、1デッキあたりの制作単価が抑えられます。そのため、カードの出版社は数千部という単位で印刷を行うのが一般的です。単価を下げて、なるべく多くの方の手に取ってもらいたいような価格設定にしようとするのです。

同じことを個人のカード作家がやろうとしても、無理があります。そもそも、印刷部数が違うからです。そのため、この質問の回答としては「カード出版社がつけている価格にはあまりこだわらないのがベスト」ということになります。

セルフパブリッシングのカードは、一般的に部数がそう多くありま

せん。そのため「いつか売り切れてしまうかも……」という稀少感があります。また、「セルフパブリッシングのカードだから買いたい」というファンもいます。他のセルフパブリッシングのカードと比較しつつ、自信を持った値段設定をするのがよいと思います。

Q：増刷をする場合、カードの価格を変更してもよいものでしょうか？

A：カードの在庫がなくなり、再び印刷を行うことを「増刷」や「再販」といいます。カードが完売したわけですから、カード作家にとって嬉しいことであるのは間違いありません。

ただ、当然ですが印刷費をもう一度支払わないといけません。また、カードを発売したときのような勢いで引き続き売れていくかどうかはまったく分かりません。そのため、ある程度の時間をおき、様子を見てから増刷の印刷を行うカード作家もいます。

この際、価格の見直しをすることは珍しいことではありません。特に、近年のように印刷コストや紙代が上昇している中では、値上げを含め対応を余儀なくされることもあります。こうした判断のすべては、カード作家が行わないといけません。

価格を自分で決められるのは、とてもやりがいのあることです。しかしながら、価格の最終決定を判断をするのは、なかなか神経を使うことでもあります。

『日本の妖怪カード』著者・藍伽さんが語る、企画書への想い

　本書では、「企画書Ver.0」「企画書Ver.1」と名づけ、企画書を書いてブラッシュアップしていく重要性をお伝えしています。

　では、実際にカードを作り上げた著者の方は、かつてどのような企画書を書いたのでしょう？　そしてその内容は出来上がったカードにどの程度反映していたのでしょうか？

　ここでは、2015年に発行された『日本の妖怪カード』の著者である藍伽さんに、企画書についての思い出やこだわりを語ってもらいました。

────────

Q：『日本の妖怪カード』を制作するにあたって、企画書は用意しましたか？

A：はい、まずは最初にカードを作りたいと思ったときに、自分がどんなものを作りたいのかをまとめるために企画書を作りました。私が好きな「妖怪」という文化をカードという形で表現したい、多くの方に知ってもらいたい、という熱い思いをぶつけたような企画書を最初に書いたことを覚えています。

Q：その企画書は、誰かに見せたり提出したりしたのでしょうか？

A：いいえ、それはもう自分しか見ていない、幻の企画書です。その後、少し内容を整えて、出版社に売り込むための企画書として書き直しました。こちらも今読み返すと情熱的というか暑苦しいというか……。読んでいただいた出版社の企画担当の方は、疲れてしまったのではないかと今更ながら反省しています。

Q：企画書にはどのようなことを書いたのでしょうか？

A：『日本の妖怪カード』は、民話・伝承に登場する妖怪を描いた40枚のカードから、古より語り継がれる禁忌や教訓を受け取ることを目指したカードです。ですので、カードを通して伝えたい思いとか、妖怪とは何か？　という大前提となるような内容はもちろん、カードに登場させる40人（？）の妖怪のリストも書きました。

Q：実際に作られたカードは、企画書に書かれたことが反映されたものでしたか？

A：いいえ、もちろん反映している部分もあるのですが、すべて企画書通りにはなっていません。登場させる予定だった40人の妖怪の中で、実際に完成したカードに描かれたのは半分程度でした。
これには執筆を進めるにあたって参考文献を見つけられなかったことや、どう頑張ってもイラストで表現できなかったこと、メッセージの内容が似通ってしまったため、片方を変更したことなど、さまざまな要因があります。

━━━━━━━━┤ Interview ├━━━━━━━━

Q：『日本の妖怪カード』は発行されてから8年経っているようですが、その間、企画書を見返したことはありましたか？

A：実は今でもときどき、企画書を見ることがあります。「どうしたらカードを多くの人の手にとっていただけるのかな？」「私がカードを通して伝えたかったことは、ちゃんと伝わっているかな？」……そんな気持ちになったときには、企画書を見返して、当時の自分の思いに励まされたりしています。

Q：これからカードの企画書を作り上げていこうとしているカード作家へ伝えたいことは？

A：企画の初期段階のテンションが高い状態で考えたことの中には、執筆中に冷静な頭で見返すと「これは違うな」と思うこともでてくる。きっと私以外のカード作家さんたちも、同じような経験をしているのではないでしょうか？

　ただ、完成したカードとは内容が異なる部分があっても、そこに書かれた熱い思いはブレることなくカードに込められていて、そういう意味でも、やはりこの企画書は『日本の妖怪カード』の原点だと思っています。これからカードを発行する作家のみなさんにも、ぜひ、何年経っても懐かしく振り返ることができるような熱量のある企画書を作ってみていただきたいな、と思います。

第4章

出版社に
企画を
売り込むには

出来上がった「カード企画書」を 出版社に持ち込むには？

 「ビジネスパブリッシング」でカードを作るということ

　「カード企画書Ver.1」が出来上がったら、後は制作へと進むだけです。

　ここでもう一つの「カードの作り方」についてお知らせしておきましょう。それが、P15でもお伝えした、**出版社へ企画を売り込む方法**（ビジネスパブリッシング）です。

> ◎セルフパブリッシングですと、何から何まで自分で考えないといけません。「カードのタイトル」「デザインのイメージ」「カードを販売するための説明文」……やることはたくさんです。一方、ビジネスパブリッシングでは出版社の担当者がつきます。そして、適切なアドバイスをもらいながら制作業を進めることができます。
>
> ◎セルフパブリッシングですと、イラストレーターやデザイナー、印刷会社とやりとりをしなくてはいけません。頭の中のイメージを言葉にして伝えたり、ギャランティの話をしたりするのはなかなかエネルギーを使います。一方、ビジネスパブリッシングではこうした仕事は出版社が対応します。そのため、カード制作にエネルギーを集中させることができます。
>
> 次ページへ▶

◎セルフパブリッシングですと、カードの販売は自分で行わないといけません。販売の計画を立て、カードの情報をアップし、宣伝から受注活動までを自力で行う必要があります。一方、ビジネスパブリッシングでは宣伝や販売はもちろん、お客様からの問い合わせ、不良品がでた場合の対応まで出版社が主導で行ってくれます。

◎セルフパブリッシングですと、イラストレーターやデザイナーへのギャランティや印刷費は自分で払わないといけません。一方、ビジネスパブリッシングでは、支払いはすべて出版社が対応してくれます。つまり、自分のお金を持ちださずにカードを制作することができます。

多くのカード作家が憧れる方法、それがビジネスパブリッシングです。

 ## 出版社に売り込むコツを知っておく

カード作家の中には、「過去に出版をした実績がないのですが、企画を売り込みして大丈夫でしょうか？」と感じる人も多いでしょう。ただ、魅力的な企画だと思ってもらえれば、実績がなくても実現する可能性は十分にあります。なぜなら、出版社の仕事は「新しい価値」を読者に届けることだからです。

当社でも過去に売り込みからスタートした企画はいくつもあります。そして、その多くが「はじめての出版」というカード作家からの売り込

みでした。**今は有名な著者であっても、過去には必ず「はじめての出版」があったわけです。**誰にも迷惑がかかるわけではありませんので、企画に自信があれば物おじせずにチャレンジしてもよいでしょう。

　ただ、売り込みを成功させるにはいくつものハードルがあります。

　出版社も金銭的なリスクを負って出版するのですから真剣です。**やみくもに企画を持っていっても、なかなか先には進まないでしょう。なぜなら、出版社にはたくさんの売り込み企画が寄せられるからです。**その中から選ばれるのは、並大抵なことではありません。

　この章では、そんなチャレンジをしてみたい方向けの情報をまとめてみました。「誰に売り込むか？」「どのように売り込むか？」「困ったときにはどうするか？」など、リアルな話ばかりですので、すぐに実践で使えると思います。

　また、この章は「自力でカードを制作する」と決めているカード作家には、不要な情報かもしれません。そうした方は本章は飛ばして、次の第5章に進んでいただいてもよいでしょう。

出版社の企画窓口・編集者とは?

 売り込みをする相手のことをよく知ろう

出版社の企画の窓口となるのが編集者と呼ばれる人です。

編集者は新しいカードや本の企画をし、ゼロから作り上げていく仕事に携わる人のことをいいます。出版社にとって「カード」や「本」は大切な商品です。こうした商品が発売されることで売上をあげ、会社を続けていくことができます。この大切な「商品開発」をすべて担うのが、編集者です。

そんな編集者の仕事を知ることは、企画を売り込む上でとても大切です。中国の古典『孫子』に「彼を知り己を知れば百戦殆うからず」という言葉があるように、これから仕事をする相手の事情やニーズを知ることで、自分がやるべきことがはっきりしてくるからです。

1. 編集者は忙しい

マルチタスク（複数の仕事）を行っているのが編集者です。「新しいカード（本）の企画を考える」「イラストレーターや著者とやりとりして、カード（本）を形にしていく」「出来上がった原稿を校正する」「企画している本の関連資料を読み込む」「書店やイベントに足を運んで市場調査を行う」など仕事は多方面にわたり、常に多忙です。そのため、企画を検討してもらうには相応の配慮が必要になります。

2. 編集者の仕事は企画を考えること

　編集者の重要な仕事は、新しい企画を考えることです。読者のニーズや流行をつかみ、カードや本の企画をまとめていきます。そのため、多くの編集者はさまざまな人と会って情報交換したり、日常的にブログやYouTubeをチェックしていたりするのです。つまり、「**新しい企画のネタはないか？**」と常に頭を巡らせているのが編集者といってもいいでしょう。それは、**提案する企画に魅力があれば、検討してもらえる可能性が開けている**ということです。

3. 編集者には専門分野がある

　編集者は幅広い知識や教養が求められる仕事です。だからといって、あらゆる分野に精通しているわけではありません。ビジネス系の分野に強い編集者もいれば、歴史や哲学に強い人もいます。パズルや絵本といった特定のジャンルばかり担当する編集者もいます。カードの企画を提案しても、ピンとこない編集者もいます。そのため、売り込む側も**編集者の得意分野を見極めること**が大切になってきます。

4. ほとんどの編集者は会社員

　編集者といっても、組織に所属する会社員であることがほとんどです。そのため「いい企画だと思うんだけど、会社（上司）のオッケーがとれない」ということもでてきます。また、「1年で○冊は本を作らないといけない」や「作った本は○部は売らないといけない」といった数字の目標がある人もいます。つまり、**企画の良し悪しだけですべてが判断されるわけではなく、会社の事情なども加味される**のです。

5. 編集だけでなくプロモーションも手がけることもある

　かつての出版社は、カード（本）を作る編集者と、それを販売する営業担当者との仕事は明確に分かれていました。ただ近年は、SNSやブログで新刊情報を発信したり、中にはオンラインセミナーを使ってプロモーションに取り組んだりする編集者も増えてきました。「編集者は、本だけを作っていればよい」そうした風潮は、もはや過去のものになりはじめています。最近の編集者には、出版物をマーケティングまでを見据えて作りだす力が求められているのです。

　こうした編集者の実情に配慮した上で、臆_{おく}することなく売り込みをすることが大切です。編集者にとっては、あなたが新しい企画を運んでくれるキューピットであるかもしれないのですから。

出版社へ企画を売り込む6つのステップ

出版社への売り込みは、いくつかのステップがあります。ここでは、それぞれのステップについてお伝えしていきます。

ステップ1　売り込みたい出版社をリストアップする

「どの出版社に売り込みをしたいか？」を明確にしましょう。通常、カードには発行した出版社名が書かれているので、難なくリストアップできるはずです。「使っているカードを出版している会社」「自分の企画を気に入ってくれそうな会社」……理由は何でもかまいません。

ステップ2　紹介者がいないかどうかを検討する

「どなたか紹介者がいないか？」を考えましょう。紹介者が必ず必要というわけではありませんが、提案にあたっての労力（面談のアポイントを取るなど）が軽減されます。また、編集者から見ても紹介者がいれば、安心して面談に臨むことができるはずです。

ステップ3　「カード企画書」を準備する

「カード企画書」を準備しましょう。見栄えはよいに越したことはありませんが、大切なのは企画の中身です。自分の身の丈に合った企画書を準備すればよいでしょう。ワープロ打ちのシンプルな企画書で提案してくるカード作家は、案外と多いものです。

ステップ4 　売り込み方法を検討する

　紹介者がいない場合、売り込み方法を検討する必要があります。メール、電話、手紙……といった選択肢がありますが、**メールか電話でこちらの趣旨を伝えて、担当者に取り次いでもらうのが一番スムーズか**と思います。売り込みの方向けの情報をウェブサイトにアップしている出版社もありますので（P104参照）、しっかりとチェックしておきましょう。かつてはよく見られた方法として飛び込み訪問がありますが、今の時代は避けた方が無難でしょう。

ステップ5 　売り込みをし、編集者とアポイントを取る

　メールや電話をしても、担当者（編集者）が対応してくれるとは限りません。事務スタッフやアルバイトが窓口になることもあります。売り込みにおいて、大切なのは編集者と面談することです。そのために、誠意を尽くしてこちらの意向を伝えましょう。

ステップ6 　編集者と面談する

　編集者と面談ができたら、企画をしっかりと提案しましょう。「なぜ、このカードを作ろうと思ったか？」「このカードのどこが新しいか？」「カードの著者である自分は何者か？」を自分の言葉で伝えることが大切です。こちらから一方的に話を続けるだけでなく「編集者がどのような企画に関心があるのか？」「どういう仕事をしていきたいか？」もきちんと聞けるとよいでしょう。

ステップ7　結果を待つ

　面談が終わったら、お礼のメールをするとよいでしょう。面談は編集者の限られた時間を割いて行われるからです。企画のお返事については、「この企画では難しいですね」と面談中に言われることもあれば、「ちょっと検討させてください」ということもあるでしょう。いずれにせよ、早急に結末を求めないことが大切です。なぜなら、編集者にはいくつもの仕事があるからです。

Column

売り込みをする出版社のウェブサイトを
しっかりとチェックしよう

　企画の持ち込みは、就職試験のようなものです。しっかりと、売り込む先の企業を研究してから臨むのがマナーです。出版社によっては、「企画の売り込みのガイドライン」を示している会社もあります。こうした情報にきちんと沿って応募をすれば、スムーズに運ぶはずです。

http://www.healinggoods.co.jp
※株式会社ヴィジョナリー・カンパニーの「企画売り込みガイドライン」HP

企画売り込みの際のポイント

 ## 売り込みに正攻法は存在しない

　企画の売り込みとは、編集者の土俵にいきなりあがって自分の思いをプレゼンすることです。ときには、きっぱりと断られたり、なかなか思いが通じずに気持ちが落ち込んだりすることもあるでしょう。

　ただ、編集者に企画を認めてもらうほかに正攻法はありません。「**断られるのもカード制作のうちだ**」くらいの割り切りを持つことも大切です。編集者とカードの話をすることは、自分の企画を客観的に見つめる、またとない機会にもなります。前向きに取り組みましょう。

　私も過去にたくさんの売り込みを受けてきました。非常に的確な提案をするカード作家もいましたし、なかなか話の本筋が見えてこない方もいました。誰にも負けないような熱意で提案され、ついついその話に引き込まれてしまったこともあります。こうした経験から、「編集者からのYes、Noの返事を引きやすくするには？」をまとめてみました。

1. イラストレーター＆著者とセットで売り込みをする

　カードを一緒に制作するメンバーを決めてから売り込むことをオススメします。たとえば、「企画はとても面白い。ただ、イラストレーターの当てがない……」ということだと、出版社としても「Yes、No」の返事がだしにくいからです。カード作家の中には「出版社がイラストレー

ターを探してくれるだろう」と考える方もいます。ただ、売り込み企画の場合そうしたことはほぼありません。こちらで協力者を決めて、セットで売り込みをする方法がもっともスムーズに話が進むでしょう。

2. 「自分は何者か？」「なぜ、このカードを作ろうと思ったのか？」をしっかりと伝える

　編集者と面談できたらしっかりと売り込むことです。「御社からカードが出版できたらそれに越したことはないんですけど……」といった弱気なスタンスで企画を持ち込むカード作家がまれにいますが、これは絶対にやめましょう。なぜなら、忙しい時間をやりくりしてその企画に向き合っている相手に失礼だからです。**企画の売り込みは、どこか就職活動の面接に似ています。**「自己PR（自分は何者か？）」と「志望動機（御社でカードを作りたい理由）」「セールスポイント（このカードの魅力）」をしっかりと整理した上で、熱意を持って面談に臨みましょう。

3. イラストと文章の見本も準備しましょう

　「カード企画書」だけでなく、イラストと文章の見本を用意するようにしましょう。できるだけ、たくさんのイラストや文章が用意できていると、「どういうカードか？」がイメージできるため話がスムーズです。また、編集者が上司や同僚に「このカードってどう思いますか？」と相談しやすくなります。その結果、「Yes、No」の判断がつきやすくなるといえるでしょう。

4. そもそもカードを出版する気がない会社に深入りをしない

　中堅どころのメジャーな出版社であっても、「カードを過去に出版したことがない」という会社はいくつもあります。こうした出版社に売り込みをする場合は、「カードを出版できる可能性があるかどうか？」を早い段階で編集者に聞いてみましょう。「カードを出版することに上の方の理解は得られるでしょうか？」と聞くと、会社側の本音が聞けるかもしれません。カードを出版する気がない会社に深入りしないことも、売り込みにとって大切な要因になります。

5. 待つことも大切

　「いつまでにお返事をもらえますか？」とせっつきたくなる気持ちは分かりますが、相手にも仕事や事情があります。無理をいって時間を取ってもらったのですから、それ以上、要望を押しつけない方が好感を持ってもらえるでしょう。熱意はときに、「強引さ」にもなりかねません。この二つは似て非なるものですので、間違えないようにしましょう。「やるべきことをやったら後はお任せする」くらいの感覚がベストです。

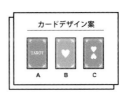

企画売り込みこんなときどうする?

　出版社に企画を売り込む際、よくある質問をまとめてみました。

　企画を通すのは簡単な話ではありませんが、成功したときの喜びは大きいものです。ぜひ、諦めずにチャレンジしてみてください。

Q：出版社にメールをしたけど返事がありません……。

A：会社の代表メールアドレスに連絡をした場合、担当者名がはっきりしないためにメールが処理されないことがあります。時間をおいてもう一度、メールをしてみましょう。二度連絡をして返事がないようでしたら、電話をしてみましょう。

　「メールで企画のご提案をしようと思ったのですが、ご連絡をいただけなかったので、不躾ながらお電話を差し上げました。カードの出版企画なのですが、ご担当の方におつなぎいただけませんでしょうか?」とお伝えすればよいでしょう。

Q：メールをしたら「担当部署に回しておきます」という返事だけがきたのですが……。

A：お礼の連絡をした上で、ご担当の方のお名前をうかがうとよいかと思います。

「ご担当様へお回しいただきありがとうございます。つきましては、一度、ぜひ直接お目にかかった上でご提案の機会をいただきたいのですが、ご迷惑でなければご担当者様のお名前をいただくわけにはいきませんでしょうか？」とメールをすればよいでしょう。窓口となる方のお名前や連絡先をいただけることがあります。

Q : 電話をしても、なかなか担当者につながらないのですが……。

A : 電話で売り込みをする場合、セールスだと思われてしまうケースもあります。また、電話を受けた側からすると「**どの編集者に電話をつなげたらよいか？**」が判断できない場合もあります。そもそも、編集者は多忙なため在社していないことも多いです。

何回もお電話をしてつながらないのであれば、お手紙で企画をお送りしてみることをオススメします。電話にでた方に「何回もお電話を差し上げるのはご迷惑ですので、企画案だけ郵送させていただきたいのですが、どちら様宛にお送りするのがよいでしょうか？」と聞いてみるとよいでしょう。仮に編集ご担当のお名前が聞けなかったら「編集ご担当様」と明記して企画書をお送りするのがよいかと思います。

Q : 「他の会社にいった方がよい」とアドバイスをもらったのですが……。

A : 編集者からこういわれた場合は、その意図を確認しましょう。「御社では難しいという意味でしょうか？」と聞けば、真意が見えてき

ます。たんなる断わりの場合もあれば、みなさんのことを考えて口にしている場合もあるので、言葉に振り回されないことが大切です。後者の場合、「ご紹介いただける編集者の方はいらっしゃいませんか？」と聞いてもよいでしょう。編集者はヨコのつながりがあることが多いので、どなたかご紹介いただけるかもしれません。

Q：お金をだしてくれれば出版するといわれたのですが……。

A：**出版社からカードを出版する際、カード作家がお金を支払うことは基本的にはありません。** ただ、現在はさまざまなビジネスの形があり、制作費の一部をだせば出版を引き受けるという会社もあると聞きます。一時期、自費出版本をめぐるトラブルもニュースになりました。すべてが悪いと判断するのは早計かもしれませんので、しっかりと話を聞いた上で判断しましょう。

「全部でいくら支払うのか？」「お金をだした分、どんなメリットがあるのか？」をしっかり聞いた上で判断するとよいでしょう。その際、「分からないことをそのままにしない」ということも大切です。

Q：採用されなかった企画を練り直したのですが、再度売り込みをしてもよいですか？

A：P100でも述べたように、新しい価値ある企画を探しているのが編集者ですから、企画が採用されなくても「こういう部分は魅力的だと思います」「この部分については弊社には合わないと感じまし

た」などの言葉をかけてくれるかもしれません。

それらを受けて企画を手直しし、これで採用してもらえるのでは？と期待してしまうこともあるでしょう。

ですが、2回目の売り込みについては落ち着いてタイミングを図ってください。編集者の立場で考えてみると、数日前にお断りをした方から「企画を直しました！」と連絡があったら、面食らってしまうはずです。

また、編集者に「どのように直したら採用してもらえますか？」と尋ねる方がまれにいらっしゃいますが、それはマナー違反かと思います。なぜなら、編集者はみなさんの企画の指導をすることが仕事ではないからです。

一度不採用になった企画でも、何とかブラッシュアップさせて出版してもらいたいというチャレンジ精神を持つのは素晴らしいことですが、あくまで企画者はみなさんです。自分の頭で考えて、企画書を仕上げていきましょう。

※これらのQ&Aは、出版社代表としての著者の考え方であって、すべての出版社に通用するというわけではないことを、あらかじめご了承ください。

カード作家へのインタビュー
『むぎのタロット』yukiさん

『むぎのタロット』の「むぎ」は、著者であるyuki
さんが飼っていたスナネズミのこと。小さなペット
との3年間にわたる深い交流から生まれたのがこ
のタロットです。当初は「セルフパブリッシング」
で販売をしていましたが、カードの大幅リニューア
ルにあたって出版社へ企画を持ち込むことにした
そうです。そんなyukiさんの体験談から「企画を売
り込むこと」について聞いてみました。

Q：カードを作ったきっかけは？

A：「占いの世界展」というイベントに出展したのがきっかけです。と
はいっても数名の作家との合同展でしたので、私は3作品を描いただけ
でした。イベントが終了後、「作風がかわいくて癒やされる」「カードに
なったら買いたい」というありがたい反響をいくつもいただきました。
そこで、大アルカナ（22枚）のタロットカードを作ることにしました。た
しか、2017年のことです。

Q：実際に販売をしてみてどう感じましたか？

A：あれもこれも自力でやるのは大変……と思いました。「注文を受
け付ける」「カードを発送する」「問い合わせにお応えする」と、やるこ

とはたくさんあります。別に本業もありますし、新たな作品を作る時間も確保したいとなると、どうしても時間に追われるようになってしまいます。

　あと、大手通販サイトにカードを掲載したかったのですが、販売事業者として住所や電話番号が表示されるようで躊躇してしまいました。さすがに、個人情報ですからね。結局、そこから先に進めませんでした。

Q：そこで出版社に売り込みを考えたんですね。

A：そうです。ちょうど、リニューアル版（カード78枚）が描き上がったタイミングで出版社を探すことにしました。「一体、どこの会社がタロットを出版しているんだろう……？」というところからのスタートでしたが、調べていくうちにいくつかの出版社に候補が絞られてきました。

　そんな中「あ、ここのカードを本屋で見たことがある！」と思ってヴィジョナリー・カンパニーさんに連絡を取ることにしました。以前から、「普通の本屋さんにカードを置いてもらいたい」という思いがありましたので、この会社なら実現できるかと思ったからです。

Q：どういう思いで売り込みをしたのでしょう？

A：「企画を断られたら恥ずかしいな……イヤだな……」とは誰しもが感じる不安かと思います。もちろん、私もそうでした。ただ、よく考えればこれ以上のダメージはないはずです。まずは、それを肝に銘じました。

　チャレンジをしなかったら出版社からだしてもらえる可能性はほぼ

ないわけです。ただ、ちょっとだけでも勇気をだしたら僅かでもチャンスが生まれてくる。これは、やるしかないと思いました。

　あと、「専門家の生の意見を聞きたい」と思いました。「カードを作る側の意見」「売る側の意見」を聞くには、持ち込んで話を聞くのが一番の早道です。仮に採用されなければ、「なぜダメだったのか？」を聞くことができます。「その意見をベースにして、次のカードを作ってもいいかな」くらいの感覚でいました。

Q：企画を持ち込んだときに注意したことは？

A：このタロットを作ったときに、「伝統的なタロット（ライダー版）にない色は使わないようにしよう」と意図しました。そのため、カード全体としての統一感が図れたように思います。そのあたりのこだわりをしっかり説明しました。後は、「自分がなぜ、このカードを作ろうと思ったか？」を今までの経緯をふまえて話をするようにしました。

　また、出版社側の「ビジネスの考え方」もきちんと聞くようにしました。「ビジネス＝お金儲け」と短絡的にとらえられがちですが、根底の部分での共感がないとうまくいかないと思うからです。

「カードを作りたい人のためのプロデュースを行っていき、将来的には世界に通用するカードを生みだしていきたい」という考え方にとても共感を受けました。

Q:自力で出版するのと、出版社からカードがでるのとは大きな違いはありましたか？

A:制作や販売、すべての面において違いがありました。当初、私の中でイメージしていたパッケージ案があったのですが、担当の方を交えて打ち合わせをする中で、ようやく今の形になりました。3回も4回も変更がありましたが、お陰でいいものになったと思います。

　また、自力では届けることができない方にまでカードの情報をお届けすることができました。私が縁もゆかりもないお店で『むぎのタロット』が販売されていたり、最近は海外でも売られていたりするようです。これらを自力でやろうと思っても到底無理だったはずです。

Q:今後、「カードを売り込みたい」という方に一言を。

A:「カードの企画を売り込む」というと、どこか別世界の話に聞こえるかもしれません。けれど、数は少ないながらもそうしたカードはあるようです。それは、「チャレンジしてみよう」と思って行動に移した人がいたということです。「絶対に出版してもらう」と血眼にならず、「これもふくめてカード制作のための勉強だ」くらいな気持ちでいるのがよいかと個人的には思います。

　最近は、『むぎのタロット』を通じた情報発信を積極的に行っているyukiさん。将来的には「タロットカードの書籍を出版する」という明確な目標があるようです。カードが形になることで、次のビジョンがはっきりしてくるカード作家は案外と多いもの。今後のますますの活躍が楽しみです。

第 5 章

カードを 制作しよう

> カードの構成を考えよう①
> ## よく使われるキーワードを知る

 ## カード1枚1枚について考えはじめる

　タロットカードやルノルマンカードには、伝統的に定められたカードの構成があります。多くの方はそれに基づいてカードを制作するので、構成を一から考える必要はありません。

　そのため、「カードに描かれるモチーフをどのように表現するか？」が**カード制作のポイント**になります。タロットの本を参照したり、他のタロットを参考にしたりしながらイメージを固めていくことが多いようです。

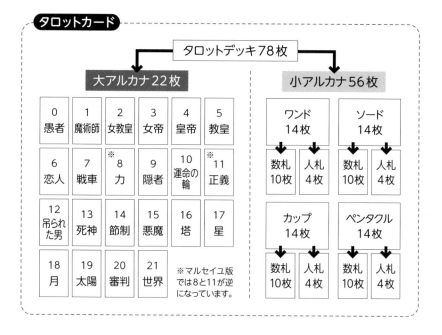

ルノルマンカード

No.1 騎士(ライダー)	No.2 クローバー	No.3 船	No.4 家	No.5 木	No.6 雲
No.7 蛇	No.8 棺	No.9 花束	No.10 鎌	No.11 鞭	No.12 鳥
No.13 子ども	No.14 狐	No.15 熊	No.16 星	No.17 コウノトリ	No.18 犬
No.19 塔	No.20 庭園	No.21 山	No.22 道	No.23 ネズミ	No.24 ハート
No.25 指輪	No.26 本	No.27 手紙	No.28 紳士	No.29 淑女	No.30 ユリ
No.31 太陽	No.32 月	No.33 鍵	No.34 魚	No.35 錨	No.36 十字架

　タロットカードやルノルマンカードと対極にあるのがオラクルカードです。一つ一つのカードが作者によって自由に作られているため、カード1枚1枚に描かれるテーマ（モチーフ）をカード作家が検討しなくてはなりません。通常、「インスピレーションでテーマを次々と考えていく」や「過去に出版されたオラクルカードをヒントにしながら、オリジナリティあるものを考える」というカード作家が多いようです。

　過去に発売されたオラクルカードは膨大な数にのぼりますが、以下はよく使われるテーマです。カードの構成を考えるヒントとしてこうしたものもぜひ参考にしてみてください。

【行動にかかわるもの】

表現する・見つける・集中する・許す・与える・地に足つける・成長する・変容する・想像する・独立する・統合する・意図する・旅する・笑う・リーダーシップを発揮する・解放する・手放す・受け入れる・耳を澄ます・ハートを開く・心を開く・探す・選択する・動機づける・前進する・育む・選択する・克服する・注意をむける・計画する・実践する・浄化する・挑戦する・考え直す・リラックスする・ゆっくりする・解決する・熟成させる・奉仕する・分かち合う・共有する・保護する・シンプルにする・抑圧する・身を任せる・洞察する・循環させる・振り返る・挑戦する・離れる・続ける・止める

【人生・生活にかかわるもの】

運命・宿命・豊かさ・繁栄・お金・仲間・知識・成功・夢・ビジョン・目標・人生の目的・理想・ひらめき・インスピレーション・直感・変化・兆候・状況・旅行・誕生・成長・障害・壁・失敗・回復・シンクロニシティ・喪失・再生・役割・仕事

【生き方にかかわるもの】

責任・義務・バランス・調和・冒険・孤高・感謝・自信・勇敢・好奇心・熱心さ・恐れ・不安・柔軟さ・やさしさ・感謝・節制・正義・純粋・誠実・裁き・怠惰・ポジティブ・ネガティブ・犠牲・自尊心・沈黙・自愛・姿勢・信条・挑戦・勤勉

次ページへ ▶

【心や感情にかかわるもの】

本当の気持ち・愛する・怒り・喜び・心の静けさ・呼吸・決断・切り離す・自由・罪悪感・幸福・インナーチャイルド・あるがままの自分・瞑想・葛藤・慈悲・やすらぎ・平安・悲しみ

【人間関係にかかわるもの】

友情・つながり・両親・パートナーシップ・ソウルメイト・和解・関係・恋愛・絆・和合・結婚・誤解・共感・家族・修復

【スピリチュアルにかかわるもの】

アセンション・覚醒・目覚め・気づき・意識・扉・本質・存在・五次元・入り口・魂・不思議な力・魔法・ワンネス・道・スピリット・精霊・第三の目・チャクラ・オーラ・波動・エネルギー

【大きな存在にかかわるもの】

祝福・次元・神聖なるもの・偉大な・導き・ガイダンス・神秘・源・一なるもの・宇宙・愛・ワンネス・万有・ユニバーサル

【自然にかかわるもの】

光・空・風・火・水・土・地・太陽・月・満月・新月・星座・海・川・霧・虹・山・石・気候・季節・自然のサイクル・循環

　カードの構成で困らないためには、「カード企画書」をまとめる過程での「ひらめき」が大切です。「このテーマは何が何でもカードに入れたい」と感じたら、きちんとメモを残しておきましょう。

━━━━━━━━━━━━━━━━━━ ‖ Column ‖ ━━━━━━━━━━━━━━━━━━

何を伝えたいカードなのか? を振り返ろう

　カード制作を進める過程には、何かが乗り移ったかのようにアイデアが湧いてきて、筆がどんどん先に進むときもありますが、逆にどれだけ机に向かい続けても、1ミリも作業が進まないときもあります。

　そんなときは「私はこのカードで何を伝えたいのか?」という原点に立ち戻ってみませんか?

　みなさんは、カードを通して表現したいことや伝えたいことがあったからこそ、カードを作ろうとしているはずです。

　たとえば
- 「働く女性に」「毎日をストレスに負けず生き抜くためのアドバイスを」「力強く」伝えたいのか
- 「心に傷を負った人に」「ありのままの自分でいるためのメッセージを」「優しく」伝えたいのか

　この二つを比べても、取り入れるテーマや使う言葉はずいぶん違うのではないでしょうか?

　みなさんがカードを作る目的を思いだしたら、そのためにどんな言葉を選ぶのか、どんなモチーフを取り入れるのかが見えてくるはずです。

　必要であれば企画書を見返してみて、みなさんがカードを作る目的を再確認してから、カードの構成をしっかりと組み立てていきましょう。

カードの構成を考えよう②
よく使われるシンボルを知ろう

カードにはたくさんのシンボルが使われている

　「鳩は平和の象徴」といわれるように、「愛」「美」「正義」……こうした抽象的な概念を、それを象徴する図像（シンボル）を使って表現することは、古くから行われていました。

　たとえば「愛」を象徴するものとして、「ハートの形」「バラの花」「キューピット」があります。カードに「愛」のシーンをダイレクトに描かなくても、こうした「象徴が持つイメージ」を借りることで強いメッセージ性を持たせることができるのです。

　このように言葉や物語が持つ象徴性については、「神話のシンボル」「動物のシンボル」「花のシンボル」などいくつもの専門書がでています。そうしたものを活用してもよいでしょうし、簡単なものでしたらインターネットを使って調べることもできます。

　もしお手元にオラクルカードがあれば、「このカードにどのような象徴が描かれているか？」という視点で観察してみてください。今までは何となく見ていただけだったカードに、「象徴」がたくさん描かれていることに気がつくかもしれません。

　カードに深いメッセージ性を持たせるためにも、この「象徴の効用」はぜひ活用したいもの。次のページでは、オラクルカードによく使われる象徴をまとめています。

変化
蝶、水、旅

幸福
太陽、ピンク

愛
いるか、さくら、
キューピット、バラ

調和
天秤、円、陰陽

知性
たいまつ、ランプ

若さ
葉

賢さ
きつね、ふくろう

時間
砂時計

歴史
らせん状、古い本

仲間
犬

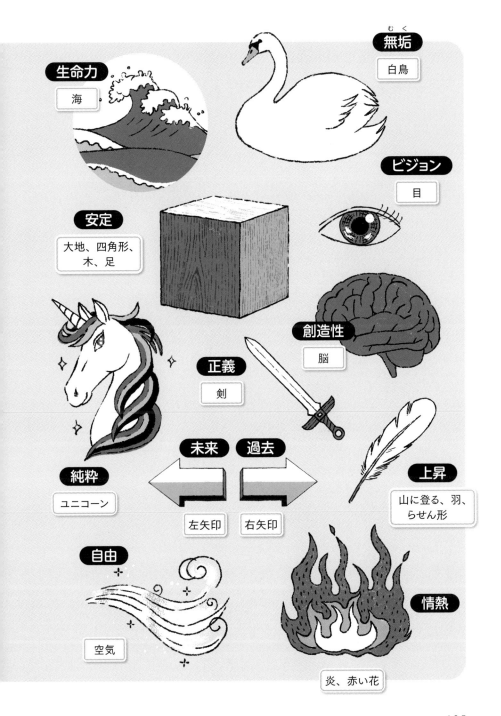

生命力
海

無垢（むく）
白鳥

ビジョン
目

安定
大地、四角形、
木、足

創造性
脳

純粋
ユニコーン

正義
剣

未来
左矢印

過去
右矢印

上昇
山に登る、羽、
らせん形

自由
空気

情熱
炎、赤い花

125

カードの構成を考えよう③
カードとしての個性を検討する

 トランプに見るカード構成のヒント

トランプに 4 つのマークが描かれているのは、みなさんよくご存じかと思います。

「ハート」「スペード」「ダイア」「クローバー」はスートと呼ばれ、それぞれ 13 枚づつあります。これがあることにより、トランプを通してさまざまな遊び方ができます。

オラクルカードの中には、トランプのような区分けがされているものや、カードをいくつかのブロックに分け、それぞれのカードに特有の性格を持たせているものがあります。

また、タロットの伝統（大アルカナ 22 枚＆小アルカナ 56 枚）を借りながら、独自のオラクルカードとして表現するようなカードも出版されています。

イラストや文章（メッセージ）を制作するにあたり、こうした要素を入れるかどうかも考えておくとよいでしょう。そうすることで、カード制作の方向性がより明確になるからです。ここではそんなカードの実例をいくつか挙げてみました。

● 『太陽と月の魔女カード』（VOICE）は、60枚のカードが「太陽のカード」と「月のカード」とそれぞれ30枚づつに分かれています。「太陽のカード」は男

性性、陽、行動力、活力、創造性などを、「月のカード」は女性性、陰、深層心理、母性、サポート、無償の愛などを表すとされています。こうした要素もリーディングに加わることで、より多角的な使い方ができるようになっています。

● 『日本の神託カード』（ヴィジョナリー・カンパニー社）は、カードが4つのカテゴリー（「神」「精霊」「生命」「大地」）に分類されています。より高次の視点

（「神々のカード」）から、より現実的な視点（「大地」のカード）まで、質問テーマを細かな階層から見ていくことができるようになっています。また、それぞれのカテゴリーのカードだけを取りだして使うこともでき、「カードはすべての枚数を使うもの」という常識にとらわれないカードになっています。

次ページへ ▶

● 『サイキック・タロット・オラクルカード』（JMA・アソシエイツ社）はタロットとオラクルカードの要素を複合させたカードです。タロットの「大アルカナ」

に相当するカードが22枚、「小アルカナ」に相当するカードが9枚×4種類の36枚、他に7枚のチャクラのカードで構成されています。

小アルカナは、「魂」「精神」「感情」「物質」を意味し、このカテゴリー分けがあることによりさまざまな側面からの読み解きができるように工夫されています。

いかがでしょうか？

P118からの「カードの構成を考えよう①～③」を参考にしながら、1枚1枚に描かれるカードの内容を具体的にしていきましょう。そして、カードの構成をはっきりとさせていきましょう。

● 「どのようなイラストが描かれるのか？」
● 「1枚1枚のカードには、どのようなメッセージが込められるのか？」
● 「どのような全体構成になるのか？」

がはっきりすれば、後は実際の作業を進めるだけになります。

イラストを描く際のヒント

 おさえておきたい6つのポイント

　イラストは、カード制作でもっとも時間とエネルギーがかかる工程です。そのため、いくつかのポイントを押さえてから描かないと、「あのときに気をつけていればよかった……」ということにもなりかねません。

　好きなようにイラストを描いたため、「イラストの一部分をカットしなくてはいけなくなった」といったケースを聞くこともたびたびあります。このようなことがないためにも、次の点に注意するとよいでしょう。

1. 実寸より大きめにイラストを描く

　作りたいカードよりも大きなサイズで描くのが一般的です。小さく描いたイラストを無理に拡大すると画質が荒れてしまいます。ただし、あまり大きく描いてしまうと大幅に縮小しなければならないため、イラストの細かなタッチがカードに反映されなくなってしまうこともあります。だいたい70〜90%程度の縮小をかけるくらいで考えておくとよいでしょう。

2. カードの縦横比には気をつけて

　イラストを描くときは、カードの縦横比を実際のカードと合わせておく必要があります。カードの縦横比が違うと、デザインをする際に「周囲を切ってデザインしなくてはならない」という問題が起きるから

です。制作の早い段階から印刷会社と
打ち合わせしておくことは、こうした
トラブルを防ぐことにもつながります。
（P61参照）

イラストの
サイズ

カードの
サイズ

縦横の比率は
同一に!

3. カードのタイトルがイラストに与える影響を考えておく

　多くの場合、カードには「タ
イトル」や「数字（カードの番号）」
が入ります。タイトルの置き方
には「イラストの上に入れる
ケース」と「イラストの外に入れ
るケース」の2タイプがありま
す。イラストを発注する段階で
は「どのようにタイトルを配置

ケイ囲み

イラストの外に
タイトルや数字が
入る

断ち切り

イラストの上に
タイトルや数字が
入る

するのか？」まではイメージができていないかもしれません。ただ、こ
うしたことをも想定しておかないと「タイトルの表現がイメージ通りに
できない……」ということになりかねません。

4. 断ち切りラインには注意

　カードの形状にする際に、断ち切り（四辺に
縁をつけないこと）を予定している場合は、四辺
それぞれ3mm程度は断裁されてしまいます。
そのため、この部分には文字や大切な要素を
描かないように注意する必要があります。

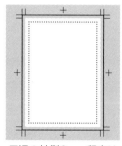

四辺の外側3mm程度は
大事な要素を入れないのが
好ましいとされています

5. ラフチェックは定期的に行う

　イラストレーターとのコミュニケーションは頻繁（ひんぱん）に行いましょう。そのため、定期的に「ラフチェック」をすることをオススメします。「ラフ」とは「こういうイメージで進めたいと思っている」という提案のことです。イラストレーターからのラフをチェックすることで、相互のイメージのすり合わせをしながら、制作を進めることができます。

ラフの状態　　　　　　完成したイラスト

6. デジタル画の場合、350dpiの解像度が必要

　解像度とは、画像データの細かさの程度のことをいいます。カード印刷の場合は実寸で350dpi以上のサイズが必要です。解像度が低いデータですと、希望のサイズで印刷することが難しい場合もあります。このあたりはイラストレーターであれば知っているはずの情報ですが、こちら側も知識としては知っておくと安心です。

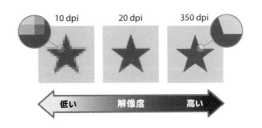

ガイドブック（解説書）をまとめるヒント

 ## おさえておきたい7つのポイント

　カードのガイドブックには、カードが誕生した由来や使い方、カード1枚ごとの解説などが盛り込まれます。主に、カードの世界をより深く知っていただく目的として作られます。文章をまとめるのに決まった方法はありませんが、あらかじめ押さえておくと制作がスムーズになると思われるポイントをまとめておきました。

1. テキストのまとめ方に決まった方法はない

　文章のまとめ方に決まった方法はありません。大きな存在（神様や精霊など）からメッセージを受け取って文章にしている方もいますし、カードを通じて伝えたいことを自分の言葉で表現している方もいます。また、聖典や神道・仏教の教えなどの叡智から現代に必要なメッセージを読み取って作られたカードもあります。そこには、「こうでなければならない」という決まりはありません。まずはカード作家であるみなさんが「私はどのようなメッセージを伝えたいのか？」を考えることが大切です。

2. 文章のうまい、うまくないにはこだわらない

　「文章のプロではないんですけど、メッセージを書いて大丈夫でしょうか？」という心配をされるカード作家がいらっしゃいます。ただ、オリ

ジナルで制作するカードですので必ずしも、美しい文章である必要はありません。試行錯誤して表現したいことを言葉にしているカード作家はたくさんいますし、洗練されていない人間味溢れる素朴な文章だからこそ人気がでていると思われるカードもあります。まずは自分のできる範囲で書いてみることからはじめるとよいでしょう。**大切なのはうまく書くことよりも、ガイドブックとしての個性をしっかりとだすこと**です。

3. まずはページ割を考えよう

　ガイドブック制作は全体のページ割を考えるところからはじめるとよいでしょう。「カードの概要」「カードの使い方」「各ページの解説」など、ガイドブックの形がイメージできるようになります。これを、専門用語で台割といいます。この台割が決まると、「どのくらいの文章を執筆すればよいか？　（そのために、どのくらいの時間がかかるか？）」がおぼろげながら見えてくるはずです。

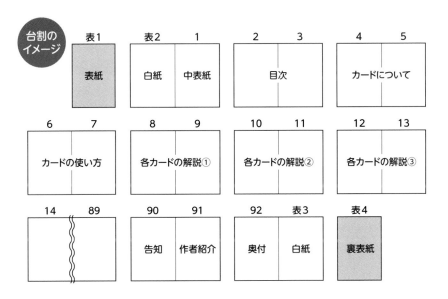

4. カードの解説ページは「ひな形」を作ってから進めよう

　ガイドブックで中心となるコンテンツは、各カードの解説ページです。通常、「キーワード」「カードの意味」「カードの説明」「関連する情報」で構成されます。やみくもに文章をまとめていると、文章の統一感がなくなってしまったり、文章量が大幅に多かったり（少なかったり）してしまいがちです。こうした無駄をなくすためにも、文章の執筆を進める前に、しっかりと「解説ページのひな形」を作ることが大切です。

5. 無理にデザインまでを行う必要はない

　カード著者の仕事は、カードの魅力を最大に引き立たせるように、解説の文章をまとめることです。**ガイドブックを読みやすくレイアウトしたり、見出しをつけて強調したりするのは、デザイナーの仕事です。**それぞれの専門家が各々の分野を担当するのが大切であり、著者が無理にデザインまでを行う必要はありません。

6. 基本的な日本語のルールには従おう

　文章には基本的なルールがあります。これには、なるべく従うようにしましょう。

「『！』は使わない」
「主語と述語を離しすぎない」
「一つの単語に形容詞をたくさんつけすぎない」
「一つの文章の中に『の』を3回以上続けない」
「ら抜き言葉に気をつける」

などです。カード作家の中には、文章を校正する専門家にチェックを依頼する人もいます。

7. 出来上がった文章は第三者に読んでもらおう

書き上がった文章は、第三者に読んでもらいましょう。「意味が分かりにくい部分はないか？」「スムーズに読めない箇所はないか？」「難しい言葉はないか？」などは、どうしてもまとめた本人は気づきにくいものです。客観的なアドバイスをもらうことで、ユーザー目線のガイドブックになっていきます。

Check Point

□「て・に・を・は」が正しく使われている

□常体と敬体が混在していない

□漢字表記とひらがな表記が単語ごとに統一されている

□算用数字と漢数字が単語ごとに統一されている

□漢字や送り仮名が正しく使用されている

□英語のスペルが間違っていない

□主語と述語が正しくつながっている

□一つの文章が長くなりすぎていない

□読点が適切に使用されている

□音便を多用していない

□文末が同一表現の文章が連続していない

□同じ表現を連続して使用していない

□適切に改行や1行空きが取り入れられている

□日本語として耳慣れない言い回しを使っていない

デザインとはカードの魅力を引きだすこと

デザイナーは魅せる（見せる）専門家

イラストとテキストが完成したら、デザインへと進みます。

　デザインとは一般的に使われる言葉ですが、カード制作においては**「カードの魅力を引きだし、全体の見せ方を表現すること」**ととらえておくとよいでしょう。このデザインを行う専門家のことをデザイナーと呼びます。はじめてカード制作に取り組む作家の中には、「イラストを制作すること」と「デザインをすること」とがあいまいな方も少なくありません。たとえば、こういうやりとりがよくあります。

（※ V ＝当社、C ＝カード作家）

V：もうデザイナーは決めたのですか？

C：はい、もう 40 枚のイラストを発注しました。

V：それは、イラストレーターに絵を発注したという意味ですよね？

C：そうです。イラストレーターに絵を描いてもらえれば、後は印刷会社がやってくれるんじゃないんですか？

　こうならないためにも、「デザイン」についてをきちんと理解してお
きましょう。

1. デザインとは、カードの魅力を表現すること

　デザインとは、イラストレーターが描いた作品（＆著者が書いた文章）
を素材として、「カードの個性」「カードの使いやすさ」を引き立たせ、
その魅力を最大限に引き立たせることをいいます。「パッケージデザイ
ン」や「webデザイン」など、最近ではよく使われる言葉になってきま
した。デザインの他に「DTP」や「データ制作」と呼ばれることもあり
ます。

2. デザイナーの仕事は4点

　デザイナーの仕事は4つあります。①カードを収納するパッケージ、
②カードの表面、③カードの裏面、④ガイドブックです。通常は一人
のデザイナーがすべてを担当し、カード全体のコンセプトが統一性を
持つようにデザインがなされます。

3. デザイナーはイラストレーターと印刷会社の橋渡し

　イラストレーター（&著者）の仕事と、印刷会社とを橋渡しするのがデザイナーの大切な役割です。デザインが済んだデータを印刷会社に手渡して、印刷はスタートします。そのため、デザイナーの仕事が終わらなければ、印刷会社は仕事を進めることができません。

4. デザイナーは専用のソフトを使ってデザインを行う

　使用頻度が高いものとして、「イラストレーター」「フォトショップ」「インデザイン」などの専門ソフトがあります。マイクロソフト社のワード、エクセルなどのビジネス系ソフトで作成したデータではカードとして最適な印刷の対応ができないことが多く、通常、デザイナーが使うことはありません。

カード制作の **Q** & **A**

Q：デザイナーに頼まなくても自力でデータは作れますか？

A：デザインの基本を知っているのであれば、問題ありません。ただ、「これからデザインソフトの使い方を覚える」というのであれば、あまりオススメはしません。

　　理由は二つあります。一つは、カード作家にはやるべきことがたくさんあるからです。カードの制作から印刷、販売、在庫の管理とたくさんの仕事を抱えています。そこに「デザインソフトの使い方を

覚える」を追加するのはちょっと無理があります。

　もう一つは、「**デザインソフトを使える＝よいデザインができる」で
はないからです**。デザイナーの仕事には、長い間に積み重ねられて
きたノウハウや経験が蓄積されています。たんにデザインソフトが
使える人はたくさんいます。ただ、それが「よいデザインができる」
とイコールではないということは肝に銘じておきたいものです。

————————

Q：ワードやパワーポイントで制作したデータは使えないのですか？

A：もちろん、印刷することはできます。ただ、カード印刷にはふさわ
しいとはいえません。ワードは文書作成ソフトですし、パワーポイ
ントはプレゼンテーション用のソフトです。それぞれ、専門の用途
があって作られたソフトです。

　まれに、「ワードで制作したデータでカード印刷をしたい」という
カード作家の方が見えますが、そのためにはデザイナーがデータを
互換する（専用ソフトで作り直す）必要があります。時間も労力もかか
りますので、決してオススメする方法ではありません。

　デザイナーへの出費を惜しんで、自力でやろうとするのは分からな
いでもありません。ただそうした労苦は、誰も幸せにしないことの
方が多いものです。

カード制作におけるデザインの流れ

 ## 対話を通してイメージを固めていく

　カード作家の要望をヒアリングすること。そこから、デザインの仕事ははじまります。「なぜこのカードを作るか？」「どんなカードにしたいか？」など、カード作家とデザイナー、お互いのイメージをすり合わせていきます。

　たとえば、「優しい感じのカード」といっても、受け取る人により言葉のイメージはまったく違ってきます。お互いのイメージが違ったままでデザインを進めてしまうと、ボタンのかけ違いになってしまうおそれがあります。

- ●「『優しい』とは、もっと具体的にいうとどんな感じですか？」
- ●「（見本を見せながら）このイメージとこのイメージだと、どちらが好みですか？」

　こうしたやりとりを重ねながら、「カード作家の作りたいもの」を共有していくのがデザイナーの役割です。ここでは、デザイン仕事の流れをまとめてみました。まずは全体的なイメージをつかんでおくとよいでしょう。

1. カード作家 ➡ デザイナー　イメージの打ち合わせ

「どんなカードにしたいか？」をデザイナーに伝えます。「カード企画書」や「イラスト見本」、「見本にしたいカードのサンプル」を準備すると打ち合わせがより具体的になるでしょう。

2. カード作家 ➡ デザイナー　イラスト＆テキストの手配

デザイナーが作業に着手できるよう、イラストと文章を手配します。ここ最近は、ネット上でたくさんの情報を送る環境が整備されています。そのため、メール経由でデザイナーに送るのが一般的です。ただ、「イラストがアナログで制作されている（水彩画や絵具など）場合」は、原画をそのままデザイナーに送ることもあります。

3. デザイナー ➡ カード作家　ラフ案の提出、打ち合わせ

ラフ案とは「こんな感じでいかがでしょうか？」とデザイナー側から提出する案のことです。比較検討できるよう、複数案がでてくる場合が一般的です。ここでのポイントは、感想や要望をきちんと伝えることです。「もうちょっと幻想的な感じが理想です」「別のイメージでもう一つラフ案をもらえませんか？」など、はっきりと伝えましょう。

4. カード作家 ➡ デザイナー　デザイン案の決定

ラフ案のやりとりを何回かした後、デザインの方向性が決まります。今後、この方向性に基づいてデザインの作業は進められることになります。

5. デザイナー ➡ カード作家　校正の提出

デザイナーから校正用のデータが上がってきます。校正とは、「イメージが違っていないか？」「内容にミスがないか？」「色合いのイメージはこれでよいか？」を確認するためのものです。

6. カード作家 ➡ デザイナー　校正の戻し

校正用データを確認し「この方向性でよいか？」「文章やイラストに間違いがないか？」をチェックします。デザイン案の方向性は「4」ですでに定まっているため、この段階で大幅な方向性の修正をするのは好ましく

校正のイメージ

ありません。ただ、イメージと違うようなことがあればしっかりと伝えた上で、修正や変更を依頼しましょう。一般的に、修正をお願いしたい点は赤色のペンでチェックをすることから、「赤入れ」とも呼ばれます。

7. デザイナー ⇔ カード作家　再校正チェック＆最終確認

再校正用データがデザイナーより提出されます。ここから先の流れは、「5」〜「6」と同様です。1〜2回のやりとりで校了（すべての内容を確認してOKをだすこと）することもあれば、数回の校正＆修正を重ねることもあります。ここで最終確認が済んだら、すべてのデザインが終了したことになります。

8. デザイナー ➡ 印刷会社　データ完成＆印刷会社へ入稿

　デザインしたデータを印刷会社に手配することを、入稿といいます。印刷会社ではデータの内容を確認し「印刷するのに問題はないか？」をチェックします。ここで問題がなければデザイナーの仕事はすべて終了。後は印刷へと進みます。

カード制作のQ&A

Q：校正という作業はどのようにすればよいのでしょうか？

A：プロの校正者や編集者は、校正記号を呼ばれる専門の記号を用いて、統一ルールの下で校正を行っています。

　ですが、カード作家のみなさんは、そこまで本格的に校正について学ぶ必要はありません。要は、校正用のデータを確認して、「どこをどのように直せばよいか？」をデザイナーに伝えればよいのです。分かりやすく明確に修正の指示を書き込むことを心がけましょう。

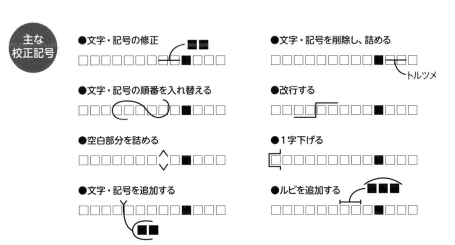

主な校正記号

- ●文字・記号の修正
- ●文字・記号を削除し、詰める　トルツメ
- ●文字・記号の順番を入れ替える
- ●改行する
- ●空白部分を詰める
- ●1字下げる
- ●文字・記号を追加する
- ●ルビを追加する

デザイナーと仕事をする上で 押さえておきたいポイント

 ☆ ビジネスをする基本を押さえておけばOK

「過去に、デザイナーと仕事をしたことがある」

　広告や出版関係者でもない限り、そういう方は少数派かもしれません。カード作家であっても、「デザイナーと今までまったく縁がなかった」という方は、案外と多いものです。

　「デザイナーって独特の感性を持っていそうだけど、うまくやりとりできるかしら？」と思う方もいるかもしれませんが、特別な知識が必要というわけではありません。しっかりとビジネスとしての基本を押さえておけば大丈夫でしょう。ここでは、デザイナーと仕事をする上で押さえておきたいポイントをまとめました

1. 要望はできるだけ具体的に伝える

「どういうカードにしたいのか？」をできるだけ具体的に伝えましょう。はっきりと伝えれば伝えるほど、デザイナーの中のイメージがふくらんできます。他のカードのサンプルを持参するのでもよいですし、カード作家によってはお菓子やペットボトルのパッケージなどを見せながら、色合いやイメージを伝える人もいます。

2. イメージできないことは聞いてみる

「どんなイメージにしたらいいかまったく想像がつかない……」というときはデザイナーに意見を求めてみるのも手です。「パッケージに使うイラストはどれを選んだらよいと思いますか？」や「カードの裏面がまったくイメージできていないんですが、いいアイデアありませんか？」という具合です。

3. スケジュールには余裕を持つ

スケジュールの計画は余裕を持って組みましょう。カード制作はどうしても予定が押しがち（※予定より伸びてしまうこと）です。余裕がないと作業することに手一杯になってしまい、せっかくのクリエイティビティが発揮されにくくなってしまいます。

4. 物理的に無理な要求もあることを知る

デザイナーはカード作家の想いに形を与えてくれる専門家です。だからといって、何でも思いのままにできるわけではありません。「イラストをもっと鮮やかに表現したい」「インパクトをもっとだしたい」と要望を伝えることは大切ですが、物理的に無理な依頼があることも知っておきたいものです。お互いのミスコミュニケーションが生じないためにも、「◎◎したいのですが、これは物理的に可能ですか？」と打ち合わせの中で聞いてみてもよいでしょう。

5. お金の話はこちらからする

　ギャランティ（仕事を依頼するために支払うお金のこと）の話をしないま
ま、仕事の話ばかりが進むことがないようにしましょう。こちらが仕事
の発注者なので、「これだけのものを」「この期間で」「この予算で」を
きちんと打ち合わせをしていく必要があります。**デザイナーの側から
「予算はどう考えたらよいですか？」と持ちだされるのはマナー違反**だ
と思っておいてください。

6. カードが完成したら見本を進呈する

　カードが完成したらデザイナーにも見本を進呈するようにしましょ
う。「絶対にしないといけない」というわけではありませんが、感謝の
思いを込めてお渡しすることをオススメします。自分がかかわったカー
ドをもらって喜ばないデザイナーは、きっといないはずです。

　仮に「こんな仕事をしました」とSNSやブログで情報を発信してくれ
れば、カードの宣伝にもなります。また、デザイナーは過去に行った
仕事を分かりやすく整理して営業活動に活かしている人が多いもので
す。みなさんのカードを制作したことが、次の新しい仕事を受けるきっ
かけになるかもしれません。

　イラストレーターの仕事と違って、デザイナーの仕事はどうしても
裏方になってしまいがちですが、こうした心配りも覚えておきたいもの
です。

デザイナーに聞く
「デザインの仕事をスムーズに
進めるために大切なこと」

　デザイナーと円滑な関係を築くことができるかどうかは、カードの仕上がりを左右する重要なポイントです。ここでは、デザイナーとして40作以上のカードのデザインを手がけてきたヴィジョナリー・カンパニー専属デザイナーの五十嵐美樹さんに、仕事をスムーズに進めるポイントを語ってもらいました。

――――――

Q：カードのデザインという仕事に、どんな思いを抱いていますか？

A：カードのデザインをするというのは、みなさんの思いが詰まったメッセージやイラストを、さらに魅力的に見えるように作り上げるという責任のある仕事です。私はデザイナーとしてたくさんのカードの出版にかかわらせていただいていますが、常にカード作家さんが理想とするカードをデザインしたいという思いで、仕事に取り組んでいます。

Q：デザインの作業に入る前に、どんなやりとりが必要になりますか？

A：まず、どんなカードにしたいのか？　というイメージをできる限り具体的に聞かせていただいています。こんな風にデザインしてほしい、というイメージがはっきりしていると、作業がスムーズに進み

ます。色使いや書体などについても、具体例を見せていただけると、より理想に近いスタイルでデザインすることができます。イメージがあいまいだと、デザイン案をいくつもご提案することになってしまうため、余計な時間がかかってしまいます。具体的なイメージがない方には、好きなショップ、よく読む雑誌などを挙げていただくこともあります。

Q：実際にデザインの作業がはじまってからは、どんなことに気をつけたらよいでしょうか？

A：一番大切なのは、お互いに迅速で的確な連絡を取り合うことです。確認事項や校正のやりとりなどの際に素早くお返事をいただけると、テンポよく作業を進めることができます。何日も待たないとご連絡がないというのも作業が滞りますし、逆に1日に何通もメールが届くと、どのメールに書かれている内容が最新の情報なのかが分からなくなってしまいます。お返事は1〜2日の内に、こちらから1通のメールでご連絡したことについては、なるべく1通のメールで回答していただけると助かります。

Q：デザインをするための時間はどの程度かかるものなのでしょうか？

A：内容や状況にもよりますが、トラブルなく作業が進んだとしても1カ月〜1カ月半程度の時間がかかります。ですので、ある程度余裕のあるスケジュールを組んでいただけると、多くのデザイン案を作成したり、校正のための時間をたっぷり取れるので、結果的により

よい作品に仕上げることができます。

発売日が決まっているという場合は特に早めの進行を心がけてい
ただきたいです。印刷に必要な日数は短縮できないため、デザイン
作業を素早く行うことになりますが、その結果ミスが生じたり、妥
協した仕上がりになってしまうのはお互いにとって残念なので
……。

Q：その他、デザインをする際にカード作家にお願いしたいことはあり
ますか？

A：それは、デザイナーの意見にも耳を傾けていただきたい、というこ
とです。
カードのデザインで最優先されるのは、もちろん著者とイラスト
レーターの方の意図ですが、デザイナーとして数多くの作品に携
わってきた立場からご提案したいこともあります。ぜひ一度は耳
を傾けて、その上でご意見をいただけると、さらなる高みを一緒に
目指すことができると考えています。

Q：カード作家に向けてのメッセージをお願いします。

A：みなさんのカードが世に生みだされ、多くの人の目に触れる。デザ
イナーとしてもこれ以上に嬉しいことはありません。お互いにス
ムーズなやりとりを心がけ、一緒に最高の作品を作らせていただき
たいです。

カード印刷の流れ

入稿データを準備することから印刷ははじまる

カード作家の最終チェックが済んだデザインは、印刷会社へと回されます。

デザインされたデータは通常はデジタルデータの体裁です。そのため「入稿データ」や「データ」と呼ばれます。「カードのデータを印刷会社に手渡す」「データ制作が済んだので、印刷会社と打ち合わせがはじまる」などといった形でこの言葉が使われます。

印刷会社はたくさんの印刷物を取り扱っています。そのため、複数の仕事が重なることもめずらしくありません。夏のお盆前後や、年末年始、年度末は特に印刷会社が忙しくなります。

そのため、入稿日をうまく調整して、効果的に印刷機を動かす力が印刷会社の担当者には求められます。印刷会社にはだいたいの入稿日をあらかじめ伝え、仕事をスムーズに進めてもらうように配慮するとよいでしょう。

入稿はデザイナーにお願いしよう

「入稿は著者が行うんですか？　それともデザイナーですか？」

という質問をよくいただきますが、**デザイナーが印刷会社と直接行**

うのが一般的かと思います。ここ最近は、対面でなくネット経由でも入稿を進めやすくなってきました。印刷会社の担当者の情報をデザイナーに渡せば、気持ちよく対応をしていただけるでしょう。

　印刷会社は入稿されたデータを開き、「問題なく印刷できるかどうか？」「データ制作で間違いはないか？」をチェックします。サイズが予定のものと違っていたり、データの一部が文字化けしていることもあります。印刷はカード制作の最終工程ですので、注意に注意を重ねることが大切です。

　データが問題ないようでしたら、いよいよ印刷のスタートです。ここでは入稿からカードの完成までの流れをざっと見ておきましょう。

☆ カード作家が入稿する場合の注意点

　印刷の手配をカード作家自らが行っていて、入稿もカード作家が行うパターンもあります。その場合はデザイナーからデザインデータを納品してもらって、それを印刷会社に送ることになります。その際にはあらかじめ、どのような形でデータを送るべきかを確認しておく必要があります。

● CD-Rなどのメディアに入れて郵送する
● ウェブ上のファイル転送サービスを利用する
● 印刷会社保有のクラウド上のファイルサーバーを利用する

　など、入稿方法もさまざまです。

　カード作家のＰＣ環境上に、デザイナーが使用したソフトが入っている場合は、一度データを預かることで最終確認ができるというメリットがありますが、逆にＰＣ作業に慣れていない人には難しい点もあるかもしれません。

　自信がない方は、デザイナーにお願いして入稿作業を行ってもらうようにした方がよいでしょう。

1. **デザイナー ➡ 印刷会社**　データを入稿

   デザインを印刷会社に手渡し、印刷の準備を進めてもらいます。この作業を「入稿」と呼び、ここから印刷がはじまります。

2. **印刷会社**　データをチェック

   「データが開けない」「文字が化ける」「写真がリンクされていない」などがないかチェックします。データに問題があれば、デザイナーと打ち合わせをして再入稿します。

3. **印刷会社 ➡ カード作家**　色校正を提出

   「色校正」とはカードの色味を確認するためのものです。印刷の完成イメージそのまま近づけるよう完成時と同じ用紙で校正をだす「本紙校正」からより安価に校正を伝える「簡易校正」まで、いくつかの形があります。なお、オンデマンド印刷の場合は色校正はでないのが一般的です。

4. **カード作家 ➡ 印刷会社**　色校正をチェック&最終確認

   色校正をチェックし、最終的な確認を行います。すべてのチェックが済み、GOをだすことを校了といいます。

5. **印刷会社**　印刷

   印刷作業がスタートします。

Q：印刷が終わればすぐに販売できるのですね？

A：印刷後、カードをセットアップ（組み立て）をする必要があります。

カードの印刷は、すべてを同時に行うことはできません。「パッケージ（箱）」「ガイドブック（解説書）」「カード」とそれぞれ別々に印刷が行われます。

「カードを1枚1枚そろえる」「カードがバラバラにならないよう束帯する」「パッケージにカードを収めていく」「パッケージをシュリンクフィルム（パッケージを保護する袋）で巻く」などの作業が必要となります。

こうした作業を、アッセンブリー（組み立て）といいます。カードのセットアップは印刷会社の見積りに含まれているのが一般的ですが、数百部程度の印刷部数であれば、自力で行うカード作家もいます。制作コストを下げるためにもぜひ知っておきたい情報です。

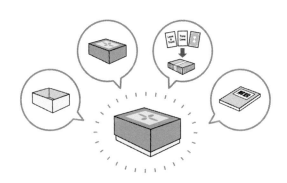

―――――――――‖ Column ‖―――――――――

校正はしっかりチェックして
後悔のないように

「校了」という言葉は魔性のワードです。印刷会社に「校了です」と伝えたら、ひとまずは制作の作業から解放される素晴らしい言葉であると同時に、「もう絶対に修正はできない」という意味合いも持つのです。

時間と労力とお金をかけて作ったカードが納品されてきて「あぁ、ここが間違っている」と気づいてしまったときのショックは想像以上に大きなものです。そうならないためにも、校正はしっかりと、しつこいくらいに確認を繰り返しましょう。

校正のタイミングは何度かありますが、特に重要なのは次の2回です。

1. デザイナーが印刷会社に入稿する直前、デザイナーから最後の校正データが届いたとき

→このときまでにデザイナーと何度か校正のやりとりをしているはずです。ここでは主に以下を中心に確認してください。

- 今までの修正がすべて反映されているか
- 文章全体に誤字、脱字はないか
- 英語表記の部分のスペルは合っているか
- カードとメッセージが正しく組み合わせられているか
- 価格や著者名などの重要な情報に誤りはないか
- 目次と本文のページ数は合っているか

2. 印刷会社から色校正紙が届いたとき

→印刷会社が発行する色校正紙は、簡易校正であってもPCモニターや
　家庭用のプリンターで出力したものとは比べ物にならないほど忠実
　に色を表現しています。ですので、ここでは主に

- カードやボックスなどのカラーの部分が、イメージした通りの色味
  になっているか
- カードがすべて揃っているか
- 解説書のページに抜けている部分はないか
- 文字化けや画像の抜けはないか

　なども確認しつつ、全体を通して最終チェックを行ってください。
　これが最後の修正のチャンス、泣いても笑ってもこれ以降は何も直
せません。

　また、タロットカードやルノルマンカードのように、モチーフが決
まっているカードの場合は、イラストの中に正しくシンボルが描かれ
ているかどうかもチェックする必要があります。

デザイナー&印刷会社と仕事をする上で知っておきたいキーワード

　デザインや印刷に進むと、専門的な言葉がでてくることが少なくありません。ここでは、知っておきたいキーワードをまとめました。

　これらのキーワードは、デザイナーや印刷会社とやりとりをする上で大切なものばかり。知っているだけで気持ち的にも安心でしょう。

・4色（4c）と1色（1C）

　印刷には2種類あります。一つは、カラー印刷。もう一つは、モノクロ印刷です。カラー印刷は、4つの異なる色（Color）を同じ場所に重ねて印刷し、それを組み合わせて完成させます。

　一方、モノクロ印刷は、1つの色（通常は黒）だけで印刷を完成させます。「4色」や「4C」はカラー印刷を、「1色」や「1C」はモノクロ印刷を表わしていると覚えておくとよいでしょう。

・CMYK
（シーエムワイケー）

　カラー印刷で使われる4つの色のことをいいます。「シアン（Cyan）」「マゼンタ（Magenta）」「イエロー（Yellow）」、そして「キー・プレート（Key plate）」と呼ばれる画像の輪郭や細かい陰影を表現する色（通常は黒色）の4つです。この4色の組み合わせや濃淡で、ほとんどのカラー印刷は表現されます。

カード印刷で使われるインク

・RGB
<small>アールジービー</small>

CMYKと同様、色の表現方法です。「赤（Red）」「緑（Green）」「青（Blue）」の頭文字をとったもので、この3つの原色を混ぜて色を表現します。CMYKが通常の印刷で使われているのに対し、RGBはPCのモニターやデジタルカメラなどで採用されています。それぞれ表現できる色が異なりますので、「パソコン上で確認していた色と印刷をしたときの色が違う」といったことが起こりがちです。そのため、色にこだわる方は特に注意が必要です。

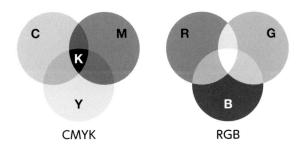

・特色
<small>とくしょく</small>

4色（C）で表現できない特別な色のことです。金や銀色、蛍光色、パステル調の色など、特別に調合されたインクを用います。特色で印刷をすることで色彩的な鮮やかさを表現することができますが、その分、印刷コストがアップすることになります。

・リッチブラック

CMYKすべての色を使って表現される黒色のことです。通常の、「キー・プレート（Key plate）」だけでは表現できない「引き締まった黒色」を表現したいときに使います。

・フォント

　印刷で使うことができる「書体データ」のことです。「明朝体」や「ゴシック体」など無料で使えるフォントがたくさんあります。「カードにデザインする書体を凝りたい」などの場合、有料のフォントを購入して使う場合があります。

・トンボ

　印刷をする際に四隅や上下左右につける目印のことです。昆虫の「トンボ」のような姿をしているためにこの呼び名がついているといわれています。印刷物を希望のサイズに断裁する際や、別々に印刷されたCMYKを一つにまとめる際の目印となります。この「トンボ」がついていないと印刷を進めることができない、大事な目印となります。

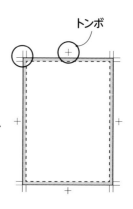

・マージン

　印刷物の周囲に設けられた余白のことです。印刷物は希望のサイズに断裁する際、数ミリほどズレることがあります。周辺にマージン（余白）を設けることで、多少ズレがでても影響が及ばないようにします。

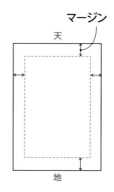

・断ち落とし

「マージン」項でもお伝えした
ように、印刷物を断裁する際、
ズレが生じることがあります。
そうすると、紙の地色がそのま
までてしまうことがあり、印刷
物として美しくありません。こ
うしたことを防ぐために、仕上

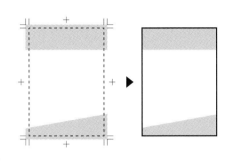

がりのサイズより大きめにデザインをします。この部分を「断ち落とし」
といい、仕上がりサイズより3mmほどデザインを伸ばします。

・文字のアウトライン化

　文字を図形化する処理のことです。その理由は、「文字化け」や「読
み込みの失敗」などを防ぐためです。通常、印刷会社に入稿する際に
「アウトライン化」の作業をデザイナーが行います。これにより、パソ
コンのOSや環境に関わらず、文字データを安全に読み込むことができ
るようになります。注意点は、一度アウトラインをしたデータを保存す
ると、元に戻すことができなくなってしまうことです。そのため編集の
際は、アウトライン化前のデータを別に残しておくことが大切です。

・画像埋め込み

　デザインソフト上の画像の配置方法のことです。カード制作で使わ
れるデザインソフト「イラストレーター」には、画像配置の方法が2種
類あります。一つが「リンク配置」で、もう一つが「画像埋め込み配置」

です。「リンク配置」は作業が進めやすい反面、画像データを一緒に入稿しないとリンクが途切れてしまい、画像が印刷物に表現されないことがあります。一方、「画像埋め込み配置」はデザインしているものに画像を埋め込んでしまう方法です。確実にデータを読み込むことができるメリットがある一方、データが重く作業がしづらいなどのデメリットもあります。

・解像度 (dpi)

写真や画像を構成する密度のようなものです。スマホやデジカメでも使われる言葉ですので、ご存じの方も多いでしょう。解像度が低いと、実際の写真より粗く印刷されてしまいますので注意が必要です。カードサイズの印刷物の場合、原寸サイズで350dpi（解像度の単位）あればよいとされます。（P131参照）

・貼り箱とキャラメル箱

いずれもカードの外箱となるパッケージの種類を指します。貼り箱はボール紙で箱を作り、表面に紙を貼った形状です。数ミリの厚さがあるボール紙に紙を貼り合わせているので、高級感や耐久性があるパッケージになります。

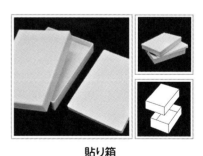

貼り箱

キャラメル箱

一方のキャラメル箱は、箱の上下に差し込むための蓋がついた組

み立て式のパッケージです。お菓子の「キャラメル」を入れる箱がこの形状だったことから、この名前がついています。貼り箱に比べて安価で制作することができます。

・中綴じ・平綴じ・無線綴じ

いずれもガイドブックの製本方法を指します。

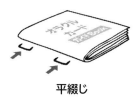

平綴じ

平綴じは、背から5mm程度のところにホチキスや糸を通して綴じる製本方法です。ガイドブックとしての形はきれいに仕上がりますが、ページを完全に開くことが難しくなります。そのため、見開きでデザインを表現したいときなどは避けられる傾向があります。

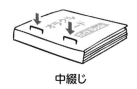

中綴じ

中綴じは、用紙を二つ折りにして折った中央部分をホッチキスで製本する方法です。背表紙がなく、ページ数が少ないガイドブックによく使われる方法です。コストも他の綴じ方に比べると、安価です。ただし、ページ数が多い場合は製本が難しくなります。

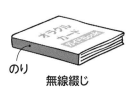

のり　無線綴じ

無線綴じは、本の背中を特殊な接着剤を使って製本する方法です。ページ数の多さに対応できる、背表紙がつくため高級感がでるなどのメリットがあります。

・角R

<small>かどアール</small>

カードの四方の丸みのことです。丸みをつけることで、カードに柔らかい印象を与え、また、安全にカードを使うことができるようになります。Rは丸の半径を表し、数字が大きいほどカーブが大きくなります。

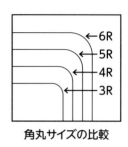

角丸サイズの比較

・PP加工

<small>ピーピー</small>

表面を透明なフィルムでコーティングすることです。この加工をすることにより「高級感が増す」、「イラストが鮮やかに表現される」などのメリットがあります。反対に、カードの表面がすべすべしていないため、シャッフルをしにくいなどのデメリットもあります。

・ニス加工

表面にニス（特別な樹脂液）を引くことで印刷の表面を保護する方法です。比較的安価で行うことができること、カードのすべりを維持できることなどから、人気の加工法です。PP加工に比べて、印刷の色が沈みやすいなどのデメリットもあります。

・箔押し

<small>はく　お</small>

金箔や銀箔の文字やイラストを印刷することができる加工法のことです。輝きのある美しい文字を印刷できますが、コストが割高になってしまうデメリットがあります。「パッケージのタイトルだけ箔押しを

使う」などの使い方をするカードもよくみられます。

・天金
てん きん

カードの断裁面に、箔押し加工を施
すことです。ゴージャスな仕上がりに
なりますが、カードがくっつきやすくな
る、カードの縁がはがれやすくなるな
どのデメリットもあります。また、安価
に天金加工を行っている業者は日本国内では数少なくなっています。そ
のため、どうしてもコスト面で高くなってしまうことが多いようです。

天金カードを行ったカードの実例

・シュリンク

カードのパッケージの外側を透明のフィルムで包装することです。専
用の袋状のフィルムでカードを覆い、熱を加えて収縮させることで、
パッケージと密着させます。シュリンクしたカードは、傷や汚れの影
響を受けにくく、保管にも大変優れています。印刷会社に依頼するこ
ともできますが、専用の袋を購入すれば自分でも行うことができます。

・エンボス加工

紙に凹凸をつけて文字や絵柄を浮き彫りのする加工のことです。パッ
ケージのタイトルなどで使われることが多く、高級感がある仕上がりに
なります。ここ最近は、カードやガイドブックに細かなエンボスをかけ
るカードも目立ってきております。カードを触ったときの感触がなめら
かでシャッフルがしやすい、高級感を演出できるなどの利点があります。

━━━━━━━━━ ‖ Column ‖ ━━━━━━━━━

RGBとCMYKの見た目の違いに注意

　P157でも解説している「RGB」と「CMYK」。カードを制作して印刷するという流れの中で避けては通れない言葉なので、もう少し詳しくお話ししましょう。

　まず、RGBは「光の三原色」と呼ばれるレッド・グリーン・ブルーの頭文字を組み合わせたものです。コンピューターやテレビなどのディスプレイでは、このRGBモードで色彩が表現されています。RGBモードでは、色を混ぜると明るい色へと変化し、白へと変化していきます。

　対して、CMYKは「色の三原色」と呼ばれるシアン・マゼンタ・イエロー・キープレートの頭文字を組み合わせたものです。こちらは混色すると暗い色へと変化していくことが特徴です。

　ここで、RGBとCMYKの違いは何か？　という疑問が生じるかもしれません。端的に言えば、それは「再現できる色彩の領域（カラースペースと呼ばれています）が違う」ということになります。**RGBはCMYKよりもより幅広い色彩を表現することができる**のです。

　一方、私たちが目にするカードの色はどのように表現されているでしょうか？　もちろん、紙にインクを使って印刷されています。

　ところが、通常のインクでは、RGBモードの色彩すべてを表すことができません。そこで、印刷物を作る際には、カラーモードをCMYKに変換することが必要になるのです。

　紙に印刷されたものを拡大すると、非常に細かい点が重なり合って見えるはずです。この点はそれぞれ、シアン・マゼンタ・イエロー・キープレートのいずれかの色になっていて、それらの密度を変えることでさまざまな色を表現しています。

　デジタルデータでのやりとりが主流となっている現在では、カードのイラストも校正用のデータも、PCやスマートフォンの画面上で確認します。PC画面はRGBなので、CMYKで印刷されたものを見ると、色味が違っているように感じることがあります。

　これは、RGBで表現できる色の中で、CMYKで再現できない色彩がある場合、もっとも近い色味に置き換えられることで起こる現象です。特に、明度が高い色や、青・青紫系の色がくすんで表現されてしまうことが多いようです。

　印刷をする上では、カラーデータをCMYKに変換することは必須です。RGBで見ていたカードのイラストが、イメージ通りの色味にならなかったという事態を避けるためには、早い段階からCMYKでのデータを確認することをオススメします。

カード作家のインタビュー
『エンジェルプリズムカード』
『日本の密教カード』奥田みきさん

　かつてはイラストレーターとして、企業からの仕事を受けていた奥田さん。当時は締切に追われる忙しい日々を送っていたそうです。そこから心機一転、「カード制作を中心にした仕事」へと組み立てていくことを決意。現在では海外の出版社からオファーがくるなど、制作したカードが世界中で愛好されています。現在も新たなカード作りに挑戦する奥田さんの体験談から、「イラストレーターがカード制作を仕事にしていくことの魅力」について聞いてみました。

―――――――

Q：かつては、企業からの請負仕事が中心だったそうですね？

A：そうですね。以前は、出版やゲーム業界からの仕事を数多くこなしていました。けれど、企業からいただく仕事は「この日までに仕上げてください」と締切があります。そのため、次々と仕事をこなしていると、どうしても自転車操業のようになってしまいがちです。

また、仕事を発注してくださる側の事情で、将来的に何が起きるか分かりません。いきなり仕事がこなくなってしまうリスクもゼロではありません。そんなこともあって、「自分発信で何かできないか？」とは昔から頭の片隅にはありました。

Q: そのきっかけがカード制作だったわけですね？

A: はい。きっかけは、2008年に出版社からの依頼でカード制作（『色で心も体もきれいになる 幸せカラーセラピー』）をお手伝いしたことでした。別に著者がいて、私は作画を担当したのですが、「イラストレーターがメッセージもまとめることができれば、よりよいカードができるのでは？」とふと思ったんです。今思うと、そこが出発点でしたね。

Q: イラストはともかく、メッセージとなるとハードルが高いようにも思いますが…？

A: 実は、私もそう思いました。ですので、最初はいろいろな講座に足を運びました。タロット、ルーン、オガム文字、もちろんオラクルカードも習いました。いろいろな先生のリーディングを知ることによって、少しづつ「カードの読み解きのコツ」がつかめてきました。

「インスピレーションで受け取ったものを形にしていく」という点において、絵もメッセージもあまり変わらないように思います。絵を描く人はもともと感受性が強いはずですから、カードの基本を学んだら、どんどんとメッセージを書いていくとよいと思います。

Q: 制作するカードのモチーフはどう考えるとよいでしょうか？

A: タロットカードやルノルマンカードのように、シンボルや構成に縛りがあるものから入っていくの

は制作を進めやすいです。一方、オラクルカードを作る場合は、自分の
関心あるテーマを深堀りしていくのがよいかと思います。

私の場合、「神話」や「天使」が好きでしたので、その方向から制作を進
めていきました。その後、昔から興味があった仏像や仏教の世界を自分
でも描いてみたいと思い、時間を見つけては少しづつ学びはじめ、それ
が数年後に『日本の密教カード』につながりました。「自分が得意なこ
と」「関心あること」を入り口としながら、テーマを決めていくのがよい
でしょう。

Q：カードを制作しはじめたころのことを教えてください。

A：2016年に『エンジェルプリズムカード』をセルフパブリッシングで
出版しました。販売や宣伝、在庫の管理、卸先とのやりとりなど、はじめ
は分からないことだらけでした。「どれくらい部数を印刷するか？」「定
価をいくらにするか？」など、制作以外にも考えることはたくさんあり
ます。はじめは試行錯誤を重ねながら、経験値を少しづつ高めていった
という感じでした。

Q：このカードがきっかけになっていろいろと展開していきますよ
ね？

A：はい、『エンジェルプリズムカード』の販売をお願いしていたヴィ
ジョナリー・カンパニーさんとのご縁から、第二作となる『日本の密教
カード』はビジネスパブリッシングで出版することができました。企画
から販売、在庫管理などのすべてにおいて、専門家が関わってくれるの
はとても安心で、制作に集中することができました。

また、同じ時期に海外から「英語圏で
カードを販売したい」というオファー
がありました。ヴィジョナリーさんに
うかがうと、世界でも有数のカード出
版社だそうです。こちらも無事に契約
まで進み、現在までにこちらの出版社
から2作のカードが発売されています。

奥田さんが手がけた海外版のカード

Q：カードを制作してご自身の仕事はどのように変化しましたか？

A：一番の変化は、カードを通して「自分ブランド」ができていった点
です。カードはジクレー版画などオリジナルグッズの展開もしやすいで
すし、一度、在庫を持ってしまえばコンスタントに売上をあげてくれま
す。また、カードを購入した方がSNSやYouTubeで発信をしてくれたり、
海外の方が購入いただいたりすることもそう珍しいことはありません。
イラストレーターにとってのカード制作のメリットを挙げると数限り
ないはずです。

実は、最初のカード制作に取りかかる前に、ゲーム業界での仕事を辞め
ていました。定期的な請負いの仕事がなくなり、収入の心配もありまし
たが、その分、時間に余裕ができました。今では、自分から発信できる仕
事に完全にシフトしています。

精神的にも金銭的にも、安定したビジネスの基盤を作ることができるよ
うになったのはカード制作のおかげです。

Q: これからカードを作りたいイラストレーターにお伝えしたいことは？

A: カード制作には、時間もお金もかかります。ただ、それに見合う以上のメリットが私にはありました。自分が企画したものが世界に流通し、多くの人の手に渡っていくのは、何よりの喜びです。そして、ひとたび在庫を持ってしまえば、コツコツを売り上げをあげることができるなど、金銭的なメリットもあります。スケジュール管理も、自分主体で進めていくことができます。

こうした変化は、気持ちの余裕を生みだしてくれました。それが、新しい創作へとつながり、どんどんと「善の循環」をしはじめるようになったと感じています。はじめてカードを作るときは、勝手も分からず、生みの苦しさもあるかもしれません。ただ、それを遥かに凌ぐだけの可能性に満ちているのがカード制作かと思います。

イギリスに本部を置く権威あるカード団体の「年間優秀カード」の審査員賞にも名を連ねるなど、奥田さんのカードは世界的にも高い評価を得ています。次作となるカードの出版にも着々と準備を重ね、将来的には『龍神のオラクルカード（仮）』を発売する予定とのことです。「カード制作をはじめなければ見えなかった世界が次々と開けてきている」という奥田さん。今後の活動にも目が離せません。

第6章

カードを
販売しよう

どうやってカードを販売していくか?

 ## カードの販売は、大きく分けて3つの方法に分かれる

　1つ目は「ネット販売」です。

　自分で立ち上げたサイトで販売する、Amazonや楽天などの大手サイトに登録するなどさまざまな方法があります。近年では無料でオープンできるサイト（BASE、Shopifyなど）も登場し、カードを販売しやすい環境がどんどんと整ってきています。情報を広く発信できSNSとの相性もよいネット通販は、カード販売の主軸となる方法といっていいでしょう。

【ネット販売のメリット】

□定価で販売できる

□情報を広く発信できる

□24時間＆365日販売できる

【ネット販売のデメリット】

□カードの魅力を伝えきれないことがある

□大手サイトに掲載すると手数料がかかる

□注文への対応で多忙になることがある（そのため、新しい作品を作る時間が少なくなりがちです）

2つ目は「ライブ（対面）販売」です。

カードを使ったワークショップやお話会、講座、個展などを通じて販売していく方法です。カード作家の中は、カードが完成したタイミングで「出版記念イベント」を行う方もいます。お客様にカードの魅力を直接伝えられること、カード作家とお客様とが直に触れ合えることから、販売に結びつきやすい方法です。

【ライブ販売のメリット】

☐ カードの魅力を存分に伝えることができる

☐ カードの売り上げをその場で、現金でいただけることが多い

☐ SNSで発信されやすく、新たなお客様がカードを知る機会になる

【ライブ販売のデメリット】

☐ 会場を借りる手間がかかる

☐ 集客をするのがたいへんである

☐ スタッフなど他人の協力が不可欠となる

3つ目が「卸販売」です。

お店にカードを委託して販売してもらう方法です。販売ルート（チャネル）が増えることから、自力では情報を伝えきれないお客様にまでカードを知っていただくことができます。扱ってくれるお店を探したり交渉したりする手間はかかりますが、カードを広める上でぜひ取り入れたい販売方法です。

【卸売販売のメリット】

□お店の信用を借りることができる

□新たなお客様へ情報を発信できるチャンスとなる

□お客様がカードを直に手に取ることができる

【卸売販売のデメリット】

□定価で販売することができない（卸売の割引価格になる）

□カードが売れてから入金されるまでに時間がかかる

□在庫管理や受注に手間がかかることがある

カード制作の Q&A

Q：3つの販売方法のうち、どれが一番効果的でしょうか？

A：カード販売は「これさえやればうまくいく」という魔法の杖はありません。さまざまな方法を試してみて、「うまくいったこと」を探していくしかありません。そのため、「できることは、何でもやる」につきるでしょう。

　私どもが過去に手がけたカードでも、「通常のカードよりも大手のサイトでよく売れたカード」や「発売した頃は動きはいまひとつだったけど、地道に講座をやってきた中でどんどん認知されてきたカード」というのもあります。何が効果的かは、いろいろと手をだしてみなければ分かりません。

Q：書店でカードを販売することはできますか？

A：できないとも、できるともいえません。

書店で本を販売するには、取次という本の問屋を通すのが一般的です。かつては、このルートに乗らないと書店で販売をすることは困難でした。ただ、昨今の書店をとりまく時代変化により、書店が独自で仕入れをすることも多くなっているようです。そのため、**取次を通さないで書店に置かれている商品も多くなってきました。**実際、**書店に営業をしてカードを置いてもらっているカード作家もいます。**そういう意味では「販売の可能性はある」といえるでしょう。

ただ、カードを置いてもらうとなると、そのために営業活動をする必要があります。また、取引後も、在庫管理や請求管理を行う必要がでてきます。**委託取引**（あるいは条件付き買取）であることも多く、**どうしても管理は複雑になってきがちです。**そういう意味では、誰にでも開かれている選択肢とはいえないでしょう。

販売のために「やるべきこと」は 自分で見つけ、決める

カード制作は販売をして、完結する

「これからカードを販売するのですが、どこから手をつけたらよいか分からないんです……」

カードの制作がようやく終わったかと思えば、次は販売のためにあれこれと考える必要がでてきます。「カードの制作」と「カードの販売」はまったく性格が違う仕事になりますので、「どこから手をつけたらよいか分からない……」と思うのも当然ですね。

「カード制作」が内にどんどんと入っていって新たな創造をすることだとすると、「カード販売」は外に外にと広げていって人や場所とのつながりを作っていくことです。この性格が異なる2つの仕事をカード作家は手がけていかなければなりません。

「制作するのは好きだけど、販売は苦手……」というカード作家も少なくありませんが、だからといって販売をおざなりにするのはいただけません。カードを多くの方に手に取ってもらうこと、それもカード作家の大切な役割だからです。

カードは販売されることではじめて「お金」に変わります。それは、私たちの創作物に対して具体的な報酬がもたらされるということです。「お金のためにやっているわけではない」というカード作家も多いで

しょうが、お金が循環されることで次の創作資金にもなります。

　また、「カードを販売すること」を通して、カード作家が新しい企画を考えつくことは案外と多いものです。「今までは家にこもって仕事をしてばかりだったけど、お客様の声を直接聞けて発想が広がった」というカード作家の感想もよく耳にします。たくさんのメリットがあるのが「販売活動」です。ここはひとつ、前向きに取り組んでみましょう。

販売のためのアイデアを見つけよう

　カードの販売にあたっては、まずは「販売のためのアイデア」をまとめることをオススメしています。
　アイデアをきちんとだし切れば、「どこから販売の手をつけたらよいか？」と悩むことも少なくなるはずです。私たちの混乱の多くは、「なにをやるべきか、よく分からない」ことに理由があるからです。

　まず、1枚の紙とペンを用意します。そして、周囲に思いつくままアイデアを書いていきましょう。

- ●「無料のショッピングサイトの会員登録をする」
- ●「知り合いのお店においてもらうよう頼みにいく」
- ●「カードを使うための講座を企画してみる」
- ●「Amazonに登録をする」

　……「これをやったらきっとみなさんが喜ぶな」だとか「多くの人がカードのことを知ってくれそうだな」と思うことをどんどんと書いていきましょう。

ポイントは2つあります。

一つは、「できるできないを考えずに、思いついたことを書く」ということです。「カード企画書」でお伝えしたのと一緒ですね。「できる、できない」の判断が入ってくるとどうしても思考が優先されてしまうため、アイデアが広らないからです。

もう一つは、「できるだけたくさんのアイデアをだす」ということです。いいアイデアは、多くのアイデアの中から誕生します。たくさんだせばだすほど「お！　これっていいアイデアじゃない？」が生まれる可能性も増えてくるからです。

アイデアがでてきたら、それぞれのアイデアに優先順位をつけましょう。私たちの時間やエネルギーは限られています。どれも手がけたいですが、それはなかなか無理な話。そのため、優先順位の高いものから手がけていくことが大切になっていくのです。

「特に重要ですぐに取り組むべきこと」を「◎」、「いずれ取り組むべきこと」を「○」、「すぐに取り組まなくてもよいこと」を「△」と印をつけてください。そして「◎」印がついているものから順番に取り組んでいきましょう。結果をあれこれ考えず、たんたんとタスクとして行っていくとよいでしょう。

○ 卸会社と価格を交渉する
◎ Instagramで毎日の一枚引きをスタートする
◎ 無料リーディングモニターを10名募集する
○ Youtuberにカードのサンプルを送って使ってもらう
△ メディアに商品情報のリリースを送る
◎ カードの使い方講座の内容を考える

カード販売の基本は「探されるために どうしたらよいか？」という質問

 ポイントは「売ろう、売ろう」としないこと

カードを販売するとなると、ほとんどのカード作家が「カードを売るためにどうしたらよいか？」を考えがちです。ただ、そこにはこちら側の都合があるばかりです。

私たちが何か物品を購入する場面を考えてみてください。作り手の「売るためにどうしたらよいか？」という空気感がいっぱいの商品だと、ちょっと身構えてしまうでしょう。誰だって売り込まれたくなんかないわけです。

作り手として売りたい気持ちがあるのは当然です。ただ、**カードを販売するにあたってはその気持ちをちょっとだけ脇においておく必要があります。**そうすることで、「ユーザーの視点」に近づくことができるのです。

お客様は日々たくさんの情報に触れています。ネットから流れてくるニュースに、SNSの投稿、仕事やプライベートで処理する情報も膨大です。そんな中、「みなさんが作ったカードの情報」に割ける時間はとても限られています。では、どうしたらよいのでしょう？

「たまたま」を演出するには？

お客様は「たまたま」みなさんのカードと結びつく瞬間があります。

- 「SNSでたまたま見かけたカードだけど、かわいいな」
- 「友達が使っていたカード、私も欲しいな」
- 「いつもカードを買っているお店に新作が入荷したみたいだけど、どんなカードなんだろう？」

……という具合です。

現代はユーザーが「たまたま」知ったものから検索をして、かんたんに商品の詳しい情報を知り、すぐに購入できる時代です。

そのため、「売るためのマーケティング」よりも「探されるためのマーケティング」が必要になっているといえるでしょう。みなさんのカードとお客様との間の「たまたま」をどのように作ることができるのか？ そのためにどのような方策を考えていくか？　が販売のポイントになってきます。

カード作家の実例をいくつか見てみましょう。

1. 原画展の開催

カード作家のAさんは、カードの原画展を各地で開催しています。個展の情報をSNSで発信し、来場を促すそうです。「たまたま」個展の情報を目にした方も数多く来場し、カードを購入いただくことも多いようです。個展に来場した方がSNSで発信をしてくれて、新たなお客様

とのご縁が少しづつ広がっているのを感じるといいます。また、個展会場によっては告知をサポートしてくださるのでとても助かっていると話しています。

2. 毎日の1枚引き

　カード作家のBさんは、毎日夕方になると「明日の1枚」をInstagramにアップします。最初は反応も薄かったようですが、最近ではたくさんの「いいね」がつくようになったそうです。「たまたま」見かけたカードの1枚からカードを購入する人も少なくないようで、手ごたえを感じているといいます。先日は、ある会社から「カードの講座を開催しませんか？」とオファーが入ったとのことで、これも「たまたま」SNSで見かけたBさんの投稿がきっかけだったそうです。

3. 発売記念リーディング

　カード作家のCさんは、Twitterで「発売記念リーディング」を行いました。フォロー＆リツイートしてもらった方に先着50名に、無料でカードを1枚を引いたそうです。たくさんの方に自分のカードがリツイートされ、「たまたま」投稿を見かけた方にカードを購入していただき、Twitter上でつながることになりました。その後、その方からオファーをいただき、カードを使った鑑定会を行うことになったそうです。

　……いかがでしょうか？　まだまだ「たまたま」を演出できるアイデアはたくさんあると思います。ぜひ、みなさんの柔らかい発想で考えてみてください。

カードを販売する上で
気をつけておきたいこと

　カードの販売は「これが絶対に正しい」というルールはありません。カード作家がそれぞれが持っている個性によってたくさんの「売り方」があります。ただ、多くのカード作家が「販売にあたって陥りやすいポイント」はいくつかあるように思います。ここでは代表的なものを3つ挙げておきました。

1. 情報発信の「過剰さ」に気をつけること

　カードの販売において、情報の発信は大切です。こちらからお知らせをしなければ、お客様との「たまたま」の出会いもありません。それは、カードを探してもらえるきっかけが生まれないということです。

　だからといって、「毎日のようにカードのことをブログにまとめる」「連日にわたってSNSで情報を拡散する」などといったことはオススメしません。ただでさえ、**たくさんの情報がある時代に、「過剰なもの」は避けられやすい**からです。「多くの人の目に触れてほしい」という気持ちは持ちつつ、発信の過剰さをコントロールする冷静さがカード販売では必要になってきます。

2. 今のうちから準備できることは準備しておくこと

　「SNSのフォロワーが少ないのですが、ちゃんと販売できるでしょうか……?」

「Instagramをやっていないのですが、やった方がいいですか……？」

　いよいよカードを販売するタイミングで、こうしたご相談をするカード作家は少なくありません。本章の冒頭でもお伝えしたように、「できることは、何でもやること」が販売活動の基本となります。

　「これをやっておいた方が販売活動に有利かな？」と思った時点がスタートの時期です。「今からじゃ遅いんじゃ……」といっても何もはじまりません。SNSでもブログでも少しづつでも構わないので、できることから小さくはじめていくことが大切です。

　「ビジネスパブリッシング」（P15参照）の項目でお伝えしたように、SNSのフォロワーやブログの読者など「目に見える数字」を持っている人は、出版社に売り込みする場合にも有利です。なぜなら、その数字は出版社が企画を検討するときの説得力になるからです。「やらないよりやっておいた方が有利なこと」に手をつけておくと、「将来の選択肢」が増えることになるはず。思い立ったが吉日です。

3. 何でも自分でやろうとしないこと

　カードの販売は、「カード制作」とは違った意味でのエネルギーが必要になります。販売ページの準備にはじまり、注文の受付、入金確認、カードの発送、お客様からの問い合わせ対応、販売業者（卸売業者）とのやりとり……やるべきことはたくさんあります。そして、カードの在庫がある限り、それは続いていきます。

　そのため、「何でもかんでも自分でやろうとしない」ことも大切に

なってきます。「自分の作品を発表したくてカードを作ったんだけど、忙しくなりすぎて次の作品を作る時間が取れなくなった」ということでは本末転倒です。

　カード作家の中には、販売のすべてを外部に委託し、新たな作品を作ることだけにフォーカスしている人もいます。

カード制作の Q&A

Q：外部に仕事を委託するにはどのような方法がありますか？

A：たとえば、商品の発送だけを委託する方法があります。お客様からの受注データをお送りし、梱包から発送までをお願いする方法です。倉庫会社や発送代行会社がこうした業務を受けていることが多いので、問い合わせてみるとよいでしょう。

　最近では、カードの情報掲載から受注、発送までをワンストップで請け負う会社もあります。ただカードを過去に扱ったことがない会社も多く、業者選定は慎重になる必要があります。

　当社にも「受発注で忙しくなるのは避けたい」「お客様とのやりとりは大変なのでお任せしたい」「自分の住所をだしたくない」などさまざまなカード作家のニーズが寄せられています。そのため、現在ではカードの販売を代行するサービスを始めております。よろしければお問い合わせください。

カード作家へのインタビュー
『357数秘カード』珊瑚ななさん

　2017年に発売された『357数秘カード』。数秘術の魅力を分かりやすく伝えてくれるカードとして、根づよい人気を得ています。このカードの著者であり、プロデュースをしたのが珊瑚ななさん。現在は、鑑定はもとより講座やイベントなど幅広い活動をしています。そんな珊瑚さんに「はじめてカードを作ったころ」の話をうかがいました。

Q：はじめてカードを販売したとき、どのようなことを考えていましたか？

A：最初は「100部くらい売れればいいな……」と漠然と思っていました。当時、数秘術の講師をしていましたが、カードの販売は経験がありません。そのため、どれだけ販売できるかまったくイメージがつきませんでした。だから「順調に売れたとして完売まで3年かな……」と気長に構えて、時間をかけて完売を目指すつもりでいました。

Q：販売のためにどのようなことを手がけましたか？

A：ブログなどのSNSで情報を載せる、講座の生徒さんに告知をする、販売サイトを準備する……ごくあたりまえのことをしただけです。その上で、専門会社であるヴィジョナリー・カンパニーさんが相談に応じてく

ださり、カードを取り扱ってくれた影響は大きかったです。当時は今ほど個人作家のカードが出版されていませんでしたから、**カードへの信頼感を高めることができましたし、全国の多くのお店へのPRや卸売の取引は、個人の力ではできないことでした。**

Ｑ：実際に販売してみて、どのような感想を持ちましたか？

Ａ：「数秘のカード」って思っていた以上にニーズがあるんだな、と感じました。同じようなカードもなかったですから、今思うと企画の内容がよかったんだと思います。最初に300部を印刷したのですが1カ月半で売り切れてしまい、想定外のことでびっくりしました。同時に、「増刷（※カードを再び印刷すること）をどうしようか……」という嬉しい問題に頭を悩まされることになるのですが……（笑）

Ｑ：カード作家の嬉しい悩みの一つが増刷ですものね。

Ａ：そうですね。カードが売り切れたのは本当に嬉しかったのですが、また印刷費がかかりますからね。知り合いや友達はすでにカードを買ってくれていますから、「増刷して大丈夫なのかな？」という思いもありました。ただ、「短期間で多くの方が手に取ったということは、カードとしてのポテンシャルが高いから。迷わず増刷です」とアドバイスもいただきましたし、実際に再販のご希望を多くの方からいただいたので、タイミングをみて増刷をすることにしました。

Ｑ：カードを出版してどのようなことが変わりましたか？

Ａ：カードの講座をするようになりました。はじめはまったく想定して

いなかったのですが、「講座を受けたい」というお声がいくつもあり、対面の講座から始めて、現在ではオンライン講座も開催しています。各地の方とつながる機会ができ、私の世界も大きく広がりました。

　また、カードを手にした方から「講座を主催したい」「イベントで話をしてほしい」とのご要望が寄せられるようにもなりました。

　もう一つは、自己紹介がラクになりましたね。それまでは「占い師です」「数秘をやってます」と紹介していたのですが、今はそれに加えて「このカードの作者です」といえばシンプルに自分の個性を伝えられますので、とても助かっています。

Q：カード制作においてはどんな点を大切にしましたか？

A：自分の軸を明確にすることです。私の場合、「カードのイラストから数秘をひもとく」という点にこだわりました。そのため、イラストレーターさんへの絵の発注内容やラフの確認、修正のやりとりにはかなり時間をかけました。イラストで数秘を表現するために試行錯誤を繰り返しながら、「私だから作れるカード、私にしか作れないカード」を目指しました。自分が数秘のカードを出版する意味はどこにあるの？　という自問自答を重ねたことが、カードとしての個性や魅力につながっていったような気がします。

Q：これからカードを作りたい方へ何かアドバイスをお願いします。

A：「こんなカードが欲しい！」とひらめいたときの気持ちをメモして
おくとよいですよ。制作中は試行錯誤をくり返すうちにイメージがブレ
たりアイディアの取捨選択に迷ったりします。そんなときに、なぜこの
カードが欲しいのか？　どんなカードにしたいのか？　を書き留めた
最初のころのメモを読み返すと、自分の核を再確認できるんです。
ちょっとした一言が意外と大きな力になりますから、小さなことでも書
き留めておくことをオススメします。

　今後も「数秘の世界をもっともっと広げていきたい」という珊瑚さん。
そうした活動を進めるにあたって、オリジナルカードはこれからもさま
ざまな場面で活用されていくことでしょう。カード作家が「カードを販
売する」ということは、「自分自身を世界に発信し、『想定していなかっ
た未来』を作っていくこと」でもあるのです。

第 **7** 章

よくある
Q&A

　本章では6章まででカバーできなかった、よくある質問をまとめてみました。

Q：カードが完成したら商標登録はした方がいいですか？

A：商標登録とは「カードの名前」やロゴを国の機関に登録する制度のことで、特許庁が窓口になります。せっかく作ったカードですから、商標登録をしておくと作者としての権利が守られて安心です。ただ、商標申請にも登録にもお金がかかります。その点を検討した上で決定されるといいでしょう。なお、商標などの知的財産を専門に扱う専門家を「弁理士」といい、申請から登録までの一切をお願いするカード作家もいます。

Q：カードの著作権とはどのようなものですか？

A：著作者（カードを作った人）に自動的に発生する権利のことで、カードの著者およびイラストレーターが有する権利です。この権利がある限り、第三者が許可なくカードのイラストや文章をHPに掲載したり、複製して配布するようなことはできません。

Q：イラストを専門家にお願いしたのですが、権利を譲ってもらうことはできますか？

A：お互いの合意が取れれば可能です。その場合は著作権を譲渡することとなり、買い取った側が自由に使用できることになります。た

だその場合であっても、厳密には「著作者人格権」と「著作権（財産権）」に分かれており、買取契約によって著作権を譲渡しても著作者人格権は持ち続けることになるなどの決まりがあります。そのため、権利の譲渡などについては弁護士などの専門家のアドバイスを聞くことをオススメします。

Q：パッケージに印刷されているバーコードってどんな意味があるのですか？

A：バーコードは店舗のPOS（ポ ス）レジで価格などの情報を読み込むためにつけられています。そのため、カードをごく近いところだけで流通させたいのであればバーコードは必要ありません。ただ、広く流通させたいと思うのでしたら、バーコードはあった方がよいでしょう。カードのパッケージに印刷されているバーコードには2種類あります。

1. 書籍JAN（ジャン）・ISBN（アイエスビーエヌ）コード

書籍や雑誌などで使われる
バーコードです
（管理団体：日本図書コード管理センター）

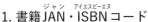

ISBN978-0-000000-00-0
C0000 ¥3000E
価格　本体3,000円＋税

2. JANコード

出版物以外の商品に
使われるバーコードです
（管理団体：一般財団法人流通システム開発センター）

価格:2,400円＋税

Q：「YouTube でカードを使っていいですか？」と聞かれましたがどうしたらよいでしょうか？

A：カードには著作権があります。そのため、原則からいうとカード作家に無断で画像や映像をアップしてはいけません。

ただ、ここ最近の SNS の発展にともない「**商用利用でなければ認める**」というカード作家や、「**宣伝になるのでありがたい**」と受け取る作家も増えています。そのため、みなさんが作ったカードはみなさんが判断の上でガイドラインを作るとよいでしょう。

Q：カードのイラストが勝手に使われているときどう対応したらよいか？

A：「この作品を見るだけで開運する」というあやしげな映像に、自分のカードが無断で使われている……こうしたトラブルに巻き込まれることも無縁ではありません。カードを作るということは、多くの人の手にカードが渡るということだからです。

こちらの意図しない形で作品が使われている場合は、こちらの意向をメールや電話できちんと伝えることが大切です。通常、こうした連絡をするだけで削除や修正がなされることがほとんどです。

Q：カードにも海賊版があると聞きましたが本当でしょうか？

A：近年、無許可で製造された
カード（通称：海賊版カード）が
報告されています。まだ、日
本のカード作家の作品で海
賊版が見つかった事例は少
ないものの被害は見つかっ

メーカーでもさまざまな海賊版カード対策
が行われています

ており、今後は予断をゆるしません。自分が作ったカードがマネさ
れたり、海賊版の被害に遭ったら法律の専門家である弁護士に相
談することをオススメします。

Q：海外の方から問い合わせがありました。どうしたら？

A：基本的に、国内の方とやりとりをするのと変わりません。ただし、
国内への配送に比べて送料が高くなりますので、しっかりとその分
をお客様からいただくようにすることが大切です。

また、購入いただいたカードの個数や相手国によっては関税がかか
ることがあります。基本は商品を受け取る側（お客様側）が、自分の
居住国に税金を支払うことになります。最近ではGoogle翻訳など
のソフトがどんどんと進化を続けており、外国語が不得意の方でも
海外とのやりとりができるようになっています。カードは国境を越
えやすい商材です。お問い合わせがあったら、対応してみましょう。

おわりに

現在の日本のカード市場

　毎年、新たに発行される本（書籍）は、68,608冊です（2020年分より）。単純に計算したとして、1日に187冊もの本が誕生していることになります。

　これに対して、1年間に発売される新しいカードはどのくらいだと思いますか？

　正式なデータがあるわけではないですが、どれだけ多く見積っても年間で数百デッキ程度ではないでしょうか。たくさんのカードが出版されていますが、本の出版点数と比較するとまだ100倍以上もの開きがあるということです。

　みなさんは、この事実をどうとらえますか？

　「カード市場ってそんなに小さいの……」と残念に思うでしょうか？「無限のチャンスがあるじゃないか！」と目を輝かせるでしょうか？
　一人のカード制作者としての私は、もちろん後者です。

「10年前では無理だった。けど、10年後では遅すぎる」

　カード制作の世界は、そんなエキサイティングな時代のただなかに位置しています。この本はそんな時代の転換期にいるみなさんに向け、

「カード制作を具体的に進めていくこと」を目的として書かれたものです。

アイデアに形を与えるのは、カード作家の責任

「カードを作るために必要なことは何ですか？」

　この質問を、過去に何回も受けてきました。そのたびに、「**アイデアを見つけたら、具体的な一歩を踏みだすこと。そして、諦めずに続けることです**」とお答えしてきました。

　素晴らしいアイデアが生まれて、最高のスタートダッシュを切った。イラストレーターやデザイナーのメドもついた。けど、途中から制作がペースダウンして、いつの間にかカードの話が立ち消えになってしまった……。残念なことに、こうしたケースを目にしたことは一度や二度ではありません。

　みなさんが使っているたくさんのカード。それらの裏側には、「**アイデアはあったけど、形にならなかったカード**」が存在していたということもぜひ知っておいていただければと思います。そこに欠けていたもの、それこそが「熱意を持ち続けること」なのかと思います。

　この本を手に取って「よし、自分もチャレンジしてみよう！」と思った気持ちを、いつまでも忘れずにいていただきたいと思います。続けてさえすれば、いつか形になることを信じて。

株式会社ヴィジョナリー・カンパニー　代表　**大塚和彦**

本書に掲載されたカード・書籍（掲載ページ）

● 『レムリアン・カード』（P23）
　著者：マリディアナ万美子／発行：株式会社ヴィジョナリー・カンパニー

● 『ルノルマンカード（クラシカル）』（P24）
　著者：頼来詩弦／発行：頼来詩弦

● 『ラブユアボディカード』（P24）
　著者：ルイーズ・ヘイ／発行：株式会社JMA・アソシエイツ　ライトワークス

● 『コーヒーカード』（P24）
　著者：トリプルK（桜野カレン・香・高橋桐矢）／発行：FCM合同会社

● 『マカロンタロットで学ぶタロット占い』（P25）
　著者：加藤マカロン／発行：駒草出版（株式会社ダンク）

● 『いちばんていねいな、オラクルカード』（P26）
　著者：LUA・大塚和彦／発行：株式会社日本文芸社

● 『アイデアのつくり方』（P43）
　著者：ジェームス・W・ヤング／発行：株式会社CCCメディアハウス

● 『ヒーリングフードオラクルカード』（P46）
　著者：Megu／発行：株式会社ヴィジョナリー・カンパニー

● 『ボイジャータロット』（P47）
　著者：ジェームス・ワンレス／発行：株式会社ボイジャータロットジャパン

● 『フトマニカード』（P47）
　著者：水谷哲朗／発行：言霊ヒーリング協会®

● 『マンダラオラクルカード』（P48）
　著者：クレッグ・ジュンジュラス、秋山峰男／発行：株式会社クラブワールド

● 『ぽちゃリスのルノルマンカード』（P84）
　著者：NORI STAR CREAM／発行：NORI STAR CREAM

● 『日本の伝統色オラクルカード　第四集』（P84）
　著者：Princesa Reina／発行：Princesa Reina

● 『日本の妖怪カード』（P92）
　著者：藍伽／発行：株式会社ヴィジョナリー・カンパニー

● 『むぎのタロット』（P112）
　著者：yuki／発行：株式会社ヴィジョナリー・カンパニー

● 『太陽と月の魔女カードwithグリフィン＆ペガサス』（P127）
　著者：太陽と月の魔女（マリィ・プリマヴェラ、小泉茉莉花）／発行：株式会社VOICE

● 『日本の神託カード』（P127）
　著者：大野百合子／発行：株式会社ヴィジョナリー・カンパニー

● 『サイキック・タロット・オラクルカード』（P128）
　著者：ジョン・ホランド／発行：株式会社JMA・アソシエイツ　ライトワークス

● 『台湾流　龍羽易占カード』（P163）
　著者：龍羽ワタナベ／発行：龍羽國際文化有限公司

● 『日本の密教カード』（P167）
　著者：小瀧宥瑞／発行：株式会社ヴィジョナリー・カンパニー

● 『357数秘カード』（P185）
　著者：珊瑚なな／発行：coral seven 357

● 『日本の神様カード』（P209）
　著者：大野百合子／発行：株式会社ヴィジョナリー・カンパニー

● 『バガヴァッドギーターカード』（P209）
　著者：向井田みお／発行：株式会社ヴィジョナリー・カンパニー

● 『シャドウ＆ライトオラクルカード』（P209）
　著者：ルーシー・キャベンディッシュ／発行：株式会社ヴィジョナリー・カンパニー

● 『ガイアオラクルカード』（P210）
　著者：エレマリア／発行：株式会社ヴィジョナリー・カンパニー

● 『hosi7 キャットスターオラクル』（P210）
　著者：hosi7（ほしなな）／発行：hosi7（ほしなな）

● 『ギャラクシーオラクルカード』（P210）
　著者：エレマリア／発行：株式会社ヴィジョナリー・カンパニー

● 『和風コーヒーカード』（P210）
　著者：龍花占心／発行：龍花占心

● 『今はむかしにゃんこたろっと』（P211）
　著者：菊田里恵／発行：キクタ・デザイン

● 『Tarot of Nautica　異国のタロットカード』（P211）
　著者：Nanami／発行：Nautica（Nanami）

● 『チェッコリオラクルカード』（P212）
　著者：ルナエア・ウェザーストーン／発行：株式会社ヴィジョナリー・カンパニー

● 『円結びカード』（P212）
　著者：桜将（おかみ）／発行：色彩工房　大櫻

● 『花札占いカード 〜雪月花〜』（P212）
　著者：ZERO／発行：株式会社ヴィジョナリー・カンパニー

書き込み式

カード制作
ノート

❶カードのモチーフは？（当てはまるものすべてに○をつけましょう）

・天使　・妖精　・精霊　・神様　・仏様　・植物　・動物　・星座
・地球　・言葉　・天然石　・伝説　・空想上の生き物　・占星術　・易
・ジオマンシー　・数秘術　・その他（　　　　　　　　　　　　　　　　　）

❷どんな風に使ってもらいたい？（当てはまるものすべてに○をつけましょう）

・毎日のメッセージを受け取るために　　・人生の目的を知るために
・インスピレーションを高めるために　　・願望実現のために
・天使や神様とつながるために　　・自分自身を癒すために
・新たな知識を得るために　　・その他（　　　　　　　　　　　　　　　）

❸どんな雰囲気のカードにしたい？（当てはまるものすべてに○をつけましょう）

・優しい　・可愛い　・綺麗　・シンプル　・優雅　・上品　・暖かい
・レトロ　・ポップ　・芸術的　・スマート　・明るい　・クール
・ゴシック　・ダーク　・その他（　　　　　　　　　　　　　　　　　）

❹枚数は？

・22 枚　・36 枚　・44 枚　・78 枚　・その他（　　　　枚）

❺カードの種類は？

・オラクルカード　　・タロットカード　　・ルノルマンカード　　・アファメーションカード
・コーヒーカード　　・その他（　　　　　　　　　　　　　　　　　　　　　）

このステップで分かったこと

上の❶〜❺で選んだ言葉を当てはめ、作りたいカードを文章で表現しましょう

私が作りたいのは、

❶　　　　　　　　をモチーフに、❷　　　　　　　　　　　　　ために使う

❸　　　　　　　　　な、❹　　　枚の ❺　　　　　　　　　　　です！

STEP (02) カードのスタイルを決めて、印刷見積りを取ろう！

❶カードについて

▼サイズは？

・H89×W58㎜（トランプと同寸）　・H126×W89㎜（一般的なオラクルカードサイズ）

・H102×W70㎜（トランプサイズとオラクルカードサイズの中間）

・H120×W70㎜（タロットに多い縦長サイズ）　・その他（　　　㎜×　　　㎜）

▼色は？

・両面ともに4色（カラー）　・イラスト面、共通面ともに1色（モノクロ／特色）

・イラスト面はカラー／共通面は1色（モノクロ／特色）　・その他（　　　　　　）

▼加工は？

・クリアPP　・マットPP　・ニス　・加工なし　・その他（　　　　　　）

❷解説書について

・冊子タイプ（ページ数＿＿＿＿p）　・1枚の紙を折って入れる用紙タイプ

・カードの中の1枚が解説書　・解説書なし　・その他（　　　　　　）

❸パッケージについて

・蓋と底が一体化しているキャラメルボックスタイプ

・蓋と底が分かれる貼り箱タイプ　・パッケージなし　・その他（　　　　　）

❹印刷部数は？

・100〜300部程度　・300〜500部程度　・500〜1000部程度

・1000部以上

このステップで分かったこと

上の❶〜❹で選んだ言葉を当てはめ、見積り内容をまとめてみましょう

❶ （サイズ）　　　（色）　　　（加工）　　　のカードと

❷ 　　　　　　　　　の解説書を ❸ 　　　　　　　　に入れて、

❹ 　　　部印刷する場合の見積りを取ります！

(03) STEP 制作の計画を立てよう

❶完成目標は？

_____年_____月_____日　必須／目標

▶**理由**　・占いの結果　　・（　　　　　　　　　　　　　）の記念日
　　　　　・イベント開催日　・その他（　　　　　　　　　　　　　）

❷今、決まっていることは？（決まっている項目にチェックしてみましょう）

□イラストを描く人（私 ／　　　　　　　　さん）
□メッセージを書く人（私 ／　　　　　　　さん）
□デザインする人（私 ／イラストレーターの　　　　　　さん／外部デザイナー）
□印刷会社（　　　　　　　　　　　　　／ デザイナー・出版社にお任せ）
□その他（　　　　　　　　　　　　　　　　　　　　　　　　　　　）

❸まだ決まっていないことは？（決まっている項目にチェックしてみましょう）

□イラストを描く人　□メッセージを書く人　□デザインする人
□印刷会社　□その他（　　　　　　　　　　　　　　　　　　　　　）

❹すでに完了していることは？（決まっている項目にチェックしてみましょう）

□イラストを描く　□メッセージを書く　□デザインデータの作成
□その他（　　　　　　　　　　　　　　　　　　　）

> ## このステップで分かったこと

今からやらなければならないことを確認しましょう

□**イラストを描く人を決める**
　（**自分で描く** ／ _____ **さん に依頼する** ／ **今から探す**）
□**メッセージを書く人を決める**
　（**自分で書く** ／ _____ **さん に依頼する** ／ **今から探す**）
□**デザインする人を決める**
　（**自分でやる** ／ _____ **さん に依頼する** ／ **今から探す**）
□**印刷会社を決める**（ _____ **に依頼する** ／ **今から探す**）
□**その他**（ _____ ）

(STEP 04) スケジュールを立てよう

発売日から逆算して空欄に日付を記入し、全体的なスケジュールを確認しましょう。

この間にテキスト、イラストなどの素材を揃えましょう。

発売約3ヵ月前 ＿＿＿＿月＿＿＿＿日（＿＿＿＿） **デザイン開始**

デザイナーと校正用のデータをやりとりしながら
制作を進めていきます。

発売約50日前 ＿＿＿＿月＿＿＿＿日（＿＿＿＿） **データ入稿**

印刷部数によって異なりますが、印刷には通常
1カ月〜1カ月半ほどの時間が必要となります。

発売約7日前 ＿＿＿＿月＿＿＿＿日（＿＿＿＿） **カード納品日**

発売日 ＿＿＿月＿＿＿日（＿＿＿）

このステップで分かったこと

予定通りの日に発売できるように、しっかりとスケジュールを把握しましょう

＿＿＿＿月＿＿＿＿日（＿＿＿＿）に発売するために、イラスト・テキスト
などの素材は＿＿＿＿月＿＿＿＿日（＿＿＿＿）までに必ず用意します

STEP 05 制作を進めよう

❶イラストは？

・カードの原寸もしくはカードと同じ縦横比で、原寸より大きなサイズで描きます。

　カードサイズ：縦＿＿＿＿＿mm×横＿＿＿＿＿mm ＝ 縦横比＿＿＿＿＿：＿＿＿＿＿

・デジタルイラストの場合は上記のサイズで、解像度350dpi以上で描きます。

> **CHECK!**
> ☐イラストのサイズは原寸かそれ以上になっていますか？
> ☐イラストの縦横比はカードの縦横比と同じ比率になっていますか？
> ☐（デジタルイラストの場合）解像度は350dpi以上になっていますか？
> ☐箱に使用するイラストは決まっていますか？

❷テキストは？

・文章をデザイナーに渡す際には、コピー＆ペーストできるようにデジタルデータで用意します。

・カードのメッセージ以外にも必要な文章があります。忘れないように、同時に準備を進めましょう。

> **CHECK!**
> ☐文章はデジタルデータになっていますか？
> 　使用ソフトは　・Microsoft Word　・シンプルテキスト　・Pages
> 　・メモ　・その他（　　　　　　　　　　　　）
> ☐カードのメッセージ以外の文章も準備できましたか？
> 　・はじめに　・カードの使い方　・著者、イラストレータープロフィール
> 　・箱の裏に載せるカードの解説　・その他（　　　　　　　　　　　　）

❸その他、何が必要？

・箱の裏にバーコードを載せる場合、すでに取得済みの場合を除き、申請から取得までに2週間程度の日数がかかります。早めに手続きをしましょう。

> **CHECK!**
> ☐箱の裏にバーコードはつけますか？　Yes　・　No
> 　Yesの場合→ ・すでに取得済み　・申請中　・今から申請する
> ☐書籍用のバーコードと一般流通用のバーコードのどちらを選びますか？
> 　・書籍用（書籍JAN、ISBNコード）　・一般流通用（JANコード）

❹デザイナーに伝えることは？

・データが揃ったら、デザイナーに渡してデザイン作業を進めてもらいます。その際に、「どんなカードにしたいか」を分かりやすく伝えましょう。

> **デザイナーに伝えること**
> □こんな雰囲気のカードにしたい！
> 　・優しい　・可愛い　・シンプル　・大人っぽい　・美しい
> 　・カッコいい　・その他（　　　　　　　　　　　　　　　　）
> □既存のカードなら、『(カードタイトル)　　　　　　　　』みたいなイメージで！
> □ボックスには　　　　番のカードのイラストを使ってください！

❺デザイナーから校正データが届いたら？

・デザイナーから届く校正データは、デザインの仕上がりやイラストのレイアウトの状態、解説書の誤字脱字等のチェックをするためのものです。

> **CHECK！**
> □デザインはイメージ通りですか？　Yes　・　No
> 　Noの場合→　どのように修正してほしいかなるべく具体的に伝えましょう。
> 　「もっと　　　　　　　　　　　　　　　　　　　　」してほしい
> 　（ 色・文字の形やサイズ・飾り罫のスタイル・イラストのトリミング……）
> □誤字脱字、カードのイラストと番号が合っているか、
> 　目次と本文のノンブルにズレはないかなど確認しましたか？

❻印刷会社から校正紙が届いたら？

・印刷会社から届く校正紙は、印刷前の最後の確認のチャンスです。完成してから後悔することのないように、しっかり確認しましょう。

> **CHECK！**
> □誤字脱字、スペルミスはないですか？
> □イラスト内の表記に誤りはないですか？
> □カードのイラストと番号、メッセージにズレはないですか？
> □カードと解説書にズレはないですか？
> □目次と本文のノンブルにズレはないですか？
> □著者、イラストレーターの名前の表記に間違いはないですか？
> □ボックスに表記されている金額に間違いはないですか？
> □バーコードは正しく貼付されていますか？　番号に間違いはないですか？
> □以上をすべて、何人かの人の目で確認しましたか？

❼印刷を待つ間にできることは？

・印刷会社に校了を伝えたら、納品を待つ間にできることがあります。

> **CHECK!**
> ☐カードの紹介文（主にウェブサイト用）を考えましょう。
> ☐著者、イラストレーターのプロフィール写真を用意しましょう。
> ☐SNSなどで情報を公開し、発売予告をしましょう。
> ☐（自分で商品発送する場合）梱包資材を揃えましょう。
> ☐（販売を他社に委託する場合）担当者とやりとりをして、発売日の調整
> をしておきましょう。

❽まもなくカードの発売です！

・さぁ、完成したカードを発売しましょう！　販売については、いろいろな方法が
　あります。無理なく長く続けられる手段を選んでください。

> **CHECK!**
> **販売チャネルは？**
> 　☐自社ウェブサイト　☐大手ネット通販（Amazon、Yahoo!など）
> 　☐ハンドメイド系ネット通販（minne、BASEなど）　☐自分のサロン
> 　☐友達のお店　☐その他（　　　　　　　　　　　　　　　　　　　）
> **販売方法は？**
> 　☐自分で頑張る　☐業者さんにお任せ　☐イベントに出店する
> 　☐その他（　　　　　　　　　　　　　　　　　　　　　　　　　　）
> **販売先は？**
> 　☐B to C（小売）のみの予定　☐B to B（卸販売）も希望している

❾商品が納品されたら？

・待望のカード完成です！　まずは以下の内容について確認しましょう。

> **CHECK!**
> ☐納品数は間違っていませんか？
> ☐箱が潰れていたり傷ついているカードはないですか？
> ☐印刷に誤りはないですか？（入稿データと照らし合わせて確認してください）
> ☐乱丁・落丁はありませんか？

もし上記に当てはまる部分があったら、すぐに印刷会社（もしくは制作会社）に
連絡をしましょう。時間が過ぎてしまうと、対応してもらえない場合もあります。

❿カード制作について思いついたことや気になったことはメモをしておきましょう。

このステップで分かったこと

カード制作にあたって必要なことを確認しましょう

☐イラスト、文章のデータを適切なスタイルで用意する
☐メッセージ以外に必要な文章を揃える
☐デザイナーに自分のイメージを具体的に分かりやすく伝える
☐校正はしっかりと、何人かの目で確認する
☐納品を待つ間に、販売の準備を進めておく
☐納品されたカードは検品をして、問題があったら早めに連絡する
☐無理なく長く続けられる販売計画を立てる

一般的なカードサイズの比較

　オフセット印刷（P79参照）の場合、カードの断裁には専用の金型（P82参照）が使用され、この金型を作るためには数万円以上の費用が発生します。つまり、すでに発行されているカードと同じサイズを選べば、この金型代を支払う必要がなく、コストダウンにつながるのです。

　ここでは、一般的なカードのサイズを実物大で記載しています。これらのサイズを選ぶのであれば、すでに印刷会社に金型がある可能性が高い（もちろん、印刷会社によります）ということになります。みなさんがカードを作るときの選択肢としてご参照ください。

　ただし、「絶対にこれ以外のサイズのカードは作れない」ということはありません。正方形や円形、ハート型や卵型……実際には大抵の形・サイズが実現可能です。理想のカードを作るために、妥協せず印刷会社に相談してみましょう。

❶ H126mm × W89mm

▶ もっとも一般的なオラクルカードの大きさで、イラストが大きく表現できるため、人気のサイズです。

A

B

C

例）
A『日本の神様カード』
B『バガヴァッドギーターカード』
C『シャドウ＆
　ライトオラクルカード』

❷ H89mm × W58mm

▶トランプと同じ大きさ。コンパクトで持ち運びにも便利なサイズです。

例）
A『ガイアオラクルカード』
B『hosi7 キャットスターオラクル』
C『ギャラクシーオラクルカード』
D『和風コーヒーカード』

A　　　　B　　　　C　　　　D

❸ H120mm × W70mm

▶ 少し縦長で、タロットカードによく使われるサイズです。

例）
A『ライダーウェイトタロット』
B『Tarot of Nautica　異国のタロットカード』
C『今はむかしにゃんこタロット』

A　　　　B　　　　C

❹ H102mm × W70mm

▶①と②の中間にあたる程よいサイズです。

例）
A『チェッコリオラクルカード』
B『円結びカード』
C『花札占いカード〜雪月花〜』

A　　　　　B　　　　　C

株式会社ヴィジョナリー・カンパニー　代表

1970年埼玉県出身。國學院大學文学部を卒業後、経営コンサルティング会社で社会人としてのスタートを切る。その後、世界を旅するバックパッカーへと転身し世界各地を回る。社会復帰後の2001年、有限会社ヴィジョナリー・カンパニー（現、株式会社）を創業。日本では数少ない「オラクルカード・タロットカードの専門会社」として、出版、卸売、国外への輸出入、ライセンスビジネスなど幅広い業務を展開する。日本神話の神々をカードとして表現した『日本の神様カード』や、インド哲学をテーマにした『バガヴァッド・ギーターカード』など、「古来からの叡智」を現代風に表現したカードを数々と発表。これまでに70作を超えるカードの企画・制作を手がける。現在は、会社代表者として経営実務を行うかたわら、カード制作に関するコンサルティングや講演会などを行っている。著書に『神様と仲よくなれる！ 日本の神様図鑑』（新星出版社）、『いちばんていねいでいちばん易しいインド哲学超入門『バガヴァッド・ギーター』』（ガイアブックス）、『基礎から分かるオラクルカード入門』（ヴィジョナリー・カンパニー）、共著作に『いちばんていねいな、オラクルカード』（日本文芸社）など多数。

株式会社ヴィジョナリー・カンパニー
https://card.visionary-c.com

カード制作　個人コンサルティング
http://event.visionary-c.com

はじめてでもよくわかる！
「占いカード」制作マニュアル

～タロットカード、オラクルカード、オリジナルカード出版虎の巻～

2023年7月7日　初版発行

著　者●大塚和彦

発行者●高木利幸

発行所●株式会社　説話社

　　　　〒169-8077　東京都新宿区西早稲田1-1-6

　　　　https://www.setsuwa.co.jp

デザイン／イラスト（P124-125）●遠藤亜矢子

イラスト●佐とうわこ

編集協力●五十嵐美樹、山室景志郎

印刷・製本●中央精版印刷株式会社